Glückler-
Neue Wege
geographischen Denkens?

Johannes Glückler

Neue Wege geographischen Denkens?

Eine Kritik gegenwärtiger Raumkonzeptionen und ihrer Forschungsprogramme in der Geographie

verlag neue wissenschaft

Die Deutsche Bibliothek – CIP-Einheitsaufnahme
Glückler, Johannes
Neue Wege geographischen Denkens? : Eine Kritik gegenwärtiger
Raumkonzeptionen und ihrer Forschungsprogramme in der
Geographie / Johannes Glückler. - Frankfurt am Main : Verl. Neue Wiss., 1999
ISBN 3-932492-22-6

Redaktionsschluß des Manuskriptes: Juli 1998

Geographisches Institut
der Universität Kiel
ausgesonderte Dublette

Inv.-Nr. 15/A 43296

ISBN 3-932492-22-6
© **verlag neue wissenschaft**
Frankfurt am Main 1999
Alle Urheber- und Verlagsrechte vorbehalten. Das gilt insbesondere für
Vervielfältigungen, Übersetzungen, Mikroverfilmungen und die Einspeicherung
und Verarbeitung in elektronischen Systemen.
Umschlaggestaltung: VNW Frankfurt a. M.

Meinen Eltern & Katrin

Vorwort

Raum, Räumlichkeit, Raumwirksamkeit, besser noch das Räumliche faszinieren den Geographen. Ob Länderkunde, Raumwissenschaft, Regionalforschung oder New Regional Geography: Konsens herrscht zweifelsfrei über das Primat des Raumes in der Geographie. Doch was ist Raum? Besser: Was sollen/wollen wir Geographen unter Raum verstehen? In welchem Verhältnis steht das Raumverständnis gegenüber Ziel und Begrifflichkeit der Forschung, welche Rolle spielt Raum im Forschungsdesign? Was ermöglicht das eine und was verhindert das andere Raumverständnis?

Diese Fragen haben mich zu dieser Untersuchung bewogen, und ihr Ergebnis steht als Abschluß einer Arbeitsphase, die durch die Erfahrungen aus einer internationalen Konferenz des Arbeitskreises Geographie und Gesellschaftstheorie in Leipzig 1997 inspiriert wurde. Angelsächsische und deutschsprachige Geographie erfuhren hier ihren *clash of thought*. Aus Diskussionen mit Doreen Massey und Nigel Thrift erkannte ich einige der Probleme, die hier erörtert werden. In kritischen, intensiven Gesprächen mit Benno Werlen und Gerhard Bahrenberg haben sich viele Probleme aus sehr spannenden Perspektiven betrachten lassen. Meinen Dank für herausforderndes *food for thought* richte ich an sie gleichermaßen wie an Stefanie Lowey und Günter Löffler für ein kritisches, konstruktives Arbeitsmilieu in Würzburg sowie Günter Wolkersdorfer für zahlreiche Diskussionen und Anregungen.

Frankfurt am Main, im August 1999   Johannes Glückler

Inhalt

Vorwort 5
Inhalt 6
Figuren 8

1 PROBLEMSTELLUNG 9

2 GRUNDSÄTZLICHE KONZEPTIONSWEISEN VON RAUM 14
2.1 Einleitung 14
2.2 Substantialistische Raumkonzeptionen 15
2.2.1 Aristoteles 15
2.2.2 Isaac Newton 19
2.3 Relationale Raumkonzeption 26
2.4 Epistemologische Raumkonzeption 30
2.5 Zusammenfassung 37

3 ABSOLUTER RAUM UND RAUMFORSCHUNG 40

4 RELATIVER RAUM UND SOZIALFORSCHUNG 53

5 KONTEXTUALISTISCHE REFLEXION WISSENSCHAFTLICHEN DENKENS 63
5.1 Kontextualismus 63
5.1.1 Kontextualistische Erkenntniskritik 63
5.1.2 Kontextualistische Erkenntnis 68
5.1.3 Kritischer Realismus und Kontextualismus 71
5.1.4 Zusammenfassung 73
5.2 Kausalität und Erklärung 74
5.2.1 Einführung 75
5.2.2 Kausalität und deduktiv-nomologische Erklärung 77
5.2.3 Probabilistische Erklärung 80
5.2.4 Singuläre Kausalerklärung 81
5.2.5 Zusammenfassung 89

6	**KONTEXTUALISTISCHER RAUM UND PLACEFORSCHUNG**	91
6.1	Epistemologische Kontextmodelle von Raum/Ort	91
6.1.1	Andrew Sayer: Raum als Kontingator	91
6.1.2	Robert Sack: Rahmenentwurf über den Homo Geographicus	96
6.2	Objekttheoretische Kontextmodelle von Raum/Ort	104
6.2.1	Strukturationismus und Locale	104
6.2.2	Strukturationistisch informierte Locale/Place	110
6.2.2.1	Theorie des Ortes I: Place als lokalisierte Locale	110
6.2.2.2	Theorie des Ortes II: Place als historisch kontingenter Prozeß	115
6.2.3	Pragmatisch informierte Locality	118
6.2.4	Feministisch informierter Place	121
6.3	Geographie als Rahmenbedingungsforschung?	128
7	**KONKLUSION - RÄUMLICHE PERSPEKTIVE UND PROBLEMFORSCHUNG**	133
7.1	Ausgangslage	133
7.2	Räumliche Perspektive	135
8	**BIBLIOGRAPHIE**	142

Figuren

Fig 1   Urteilsformen nach Kant 32

Fig 2   Unterscheidende Axiome der philosophischen Raumkonzepte 37

Fig 3   Kurzcharakteristik der philosophischen Raumauffassungen 38

Fig 4   Die philosophischen Raumkonzepte und die Leitkriterien 39

Fig 5   Deduktives Schließen: Modus tollens 47

Fig 6   Experimentdesign zum Test von Primacy vs. Recency 49

Fig 7   Typen von Regionalisierungen 59

Fig 8   Formales Modell der deduktiv-nomologischen Erklärung 79

Fig 9   Formales Modell der probabilistischen Erklärung 80

Fig 10 Rahmenkonzeption wissenschaftlicher Geographie 97

Fig 11 Stratifikationsmodell des Handelnden 106

Fig 12 Strukturierungsmodalitäten 107

Fig 13 Qualifizierung von Raum in geographischen Programmen 133

1 Problemstellung

[*Problem*] Geography matters[1]! Space makes a difference[2]! Es räumelt[3] wieder in der Geographie. Nach einer halbierten Modernisierung der Geographie im Bereich ihrer Methoden[4] bei gleichzeitig weitgehender Ausblendung von Theorie durch das raumwissenschaftliche Forschungsprogramm erblühen spätestens seit Beginn der 1980er Jahre wieder Diskurse über die Rolle von Theorie. Theorien und Konzepte von Raum kommen wieder auf die Agenda des Disziplindiskurses und haben Konjunktur. In der angelsächsischen Geographie formiert sich eine Bewegung, die sich mit der Anerkennung der Renaissance von Raum unter dem Namen New Regional Geography bezeichnen läßt. Renaissance des Raumes - das bedeutet für sie auch, benachbarte Disziplinen, deren Fachtheorien die Geographie bereitwillig adoptierte, ob ihrer Raumblindheit herauszufordern und sie auf die Bedeutung räumlicher Konzepte zu verpflichten. Aber auch der Modernediskurs und das empirische Phänomen der Globalisierung tragen zum Erwachen eines Raumbewußtseins bei. Gleich ob die Time-Space-Compression[5] bzw. der zeitkompakte Globus[6] eine Zu- oder Abnahme der Relevanz räumlicher Kategorien für empirische Probleme erfährt: Der Diskurs darüber hat zweifellos an Bedeutung gewonnen. Zahllose Ansätze, Hypothesensets, Konzepte, Theorien - immer populärer auch Metaphern[7] - über Raum sind in den letzten Jahren vorgelegt worden. In der Menge räumlicher Konzeptionen stellt sich die Frage ihrer Charakteristika, ihrer Gemeinsamkeiten und Unterschiede sowie ihres konzeptionellen Möglichkeitsraumes überhaupt: Wie kann man Raum denken? Welche Kriterien lassen sich zur Differenzierung des Denkens über Raum formulieren? Angesichts der Vielfalt neuerer Raumkonzeptionen und deren Anspruchs, gegenüber einer klassischen Dialektik absoluter vs. relativer Raumkonzepte Alterna-

---

[1] Massey (1984)
[2] Sayer (1985)
[3] Mayer (1993)
[4] Werlen (1997)
[5] Harvey (1989)
[6] Beck (1997)
[7] vgl. z.B. über Moderne und Raum (Soja 1989), über Armut und Raum (Baumann 1997), über Kommunikation und Raum (Castells 1994).

tiven zu präsentieren, sei die Überprüfung dieser Behauptungen zum Gegenstand der Untersuchung erklärt. Diese Frage bildet den Kern der vorliegenden Arbeit, deren wissenschaftstheoretische Grundlage kurz expliziert sei.

[wissenschaftsphilosophische Perspektive der Untersuchung] In dieser Arbeit wird aus der paradigmatischen Perspektive des kritischen Rationalismus argumentiert als einem weniger ontologischen als methodologischen Erkenntnisprogramm. Dies hat vor allem drei Gründe. Erstens erklärt Popper die Kritik zur treibenden Kraft des Erkenntnisfortschritts (POPPER 1995b) und kritisiert den Glauben apriorischer, paradigmatischer Rechtfertigung von Wissen. Zweitens erkennt Popper die Logik bzw. Widerspruchsfreiheit als Legitimationsbasis für Theorien und Wissen nicht als hinreichend an (Popper 1959)[8], und drittens fordert er die Theorien zur Beurteilung an ihrer Problemlösungsfähigkeit heraus (Popper 1959). Der Umstand, eine kritisch rationale Perspektive einzunehmen, impliziert in dieser Arbeit jedoch keineswegs einen Exklusivitätsanspruch auf das durch sie Behauptete. Die Position wird anstelle einer Quelle metanarrativer Legitimation vielmehr als methodologische Leitlinie einer kritischen Argumentation herangezogen.

[fachtheoretische Prüfperspektive] Gegenstand der Arbeit ist eine Kritik zeitgenössischer kontextbezogener Raumkonzeptionen aus sozialwissenschaftlicher Perspektive. Gerade das Üben von Kritik erfordert dabei einen Standpunkt, von dem aus die Kriterien der Diskussion zu formulieren sind. Benno Werlen (1995c) hat ausführlich dargelegt, daß aufgrund der unterschiedlichen Denkarten von Raum eine Beurteilungsperspektive aus sozialtheoretischer Sicht gefunden und eine ontologische Kompatibilität von Raum- und Sozialkonzepten erreicht werden muß. Die Konsequenzen inkompatibler Raum- und Sozialontologien werden im Verlaufe der Diskussion eingehend kritisiert. Da im Rahmen dieser Untersuchung die Aufmerksamkeit ausschließlich auf Konzeptionsweisen von Raum gelenkt wird, muß eine Sozialontologie als Prüfperspektive vorausgesetzt werden. In Anlehnung an den Strukturationsdiskurs (GIDDENS 1995) und die handlungstheoretische Grundlegung einer

---

[8] Es ist eines der zentralen Argumente von Stephen Toulmin (1983) gegen die Wissenschaftstradition des 17. Jahrhunderts, daß trotz des fundamentalen Dualismus zwischen neubegründetem Empirismus (Bacon, Newton) und Idealismus (Descartes, Leibniz) ein überlieferter Konsens über die Logik als höchste Prüfinstanz von Erkenntnistheorie unhinterfragt weitergeführt wurde.

Geographie alltäglicher Regionalisierungen (WERLEN 1995c, 1997) sei die formale Anforderung gestellt, daß eine Raumkonzeption theoretisch und erklärungsmäßig kompatibel sei mit einem undeterminierten, körpervermittelt handelnden, kompetenten Akteur, dessen soziale Interaktionsformen, -medien und -produkte als Explanandum gelten[9]. An dieser Auffassung des Sozialen werden alle diskutierten Raumauffassungen kritisiert und gemäß ihrer Kompatibilität bewertet.

[*Ziel und Strategie der Untersuchung*] Das Ziel der Untersuchung ist die kritische Prüfung kontextualistischer Raumkonzeptionen[10] auf ihren Anspruch, den als reduktionistisch etikettierten Dualismus absoluter und relativer Raumauffassung zu durchbrechen und innovative, theoretisch neu fundierte Raumvorstellungen zu konzipieren. Zunächst werden daher ihre Argumentationen rekonstruiert, bevor sie an den Grundkonzeptionsweisen von Raum auf ihre Unterschiedlichkeit geprüft und letztlich vor der Perspektive akteursspezifischer Sozialforschung beurteilt werden. Eine alternative Argumentation zur Begründung von Raum als Perspektive wird den kontextualistischen Raumkonzepten in einigen Grundrißgedanken am Ende gegenübergestellt.

[*Vier Leitkriterien*] Im Bemühen der Diskussion einzelner Raumkonzeptionen steht es, die Positionen und Argumente der Autoren zu explizieren und transparent einander gegenüberzustellen. Die Diskussion der Konzepte erfolgt nach einem Schema, dem vier Leitkriterien zugrunde gelegt werden:

1. *Ontologischer Status von Raum.* Welche Seinsqualität wird Raum zugeschrieben? Welche Bedeutung besitzen unterschiedliche Seinsqualitäten von Raum für geographisches Forschen?

---

[9] Für ausführliche Begründungen dieser sozialtheoretischen Postulate siehe Giddens (1995, 1997) und Werlen (1995a, 1995c, 1997).

[10] Die Begriffe Kontext, Kontextualität und Kontextualismus müssen erst in diese Untersuchung eingeführt werden. In der deutschsprachigen Literatur der gegenwärtigen Geographie finden diese Begriffe kaum Erwähnung. Die Begriffe seien im Moment als Analysekategorie eingesetzt und daher sehr weit gefaßt. Die Kontextualität erscheint hier als wertvolle Möglichkeit, einen großen Teil neuerer Konzepte einer gemeinsamen Perspektive zu unterlegen. Zur präzisen Klärung der Begriffe sei auf das Kapitel 5 verwiesen.

2. *Kausalfunktion von Raum*. Das Kriterium antwortet auf die Frage, ob Raum als ursächlicher Faktor sozialer Tatsachen eingefordert wird und versucht zu klären, inwieweit dieser Behauptung entsprochen werden kann.
3. *Status von Raum im Forschungsdesign*. Zentrale Prüfgröße ist in diesem Zusammenhang die Frage, ob Raum zum Forschungsgegenstand geographischer Wissenschaft erhoben wird. Kann Raum das Forschungsinteresse einer (sozial-) wissenschaftlichen Disziplin binden?
4. *Semantische Dimension der Terminologie*. Werden soziale und andere Sachdimensionen durch eine räumliche Semantik bzw. Metaphorik repräsentiert? Ist eine solche Repräsentation als adäquat anzuerkennen?

Alle Konzeptionen werden hinsichtlich dieser Leitkriterien untersucht, wobei die Bedeutung und Implikation der jeweiligen Ausprägungen dieser Kriterien erst entwickelt werden müssen.

Auf der Grundlage dieser Grundcharakteristik von Verständnismöglichkeiten des Raumes wird dann entschieden, inwieweit die jeweiligen Konzepte sich voneinander unterscheiden und ob es einer Reihe ausgewählter angelsächsischen Autoren gelingt, einen kontextualistischen Raumbegriff als Lösung des Dualismus zwischen absoluter und relativer Denkart zu behaupten. Schließlich wird auf der Grundlage der vorgestellten sozialtheoretischen Anforderungen entschieden, welche Raumkonzepte kompatibel mit einer akteurszentrierten sozialwissenschaftlichen Geographie sind. Diese Urteile werden hauptsächlich über die vier Leitkriterien begründet.

[*Gang der Untersuchung*] Welche sind die zentralen Hypothesen und Fragen dieser Untersuchung und wo werden sie erörtert? Das Programm dieser Arbeit sei einleitend skizziert:

Welche grundsätzlichen Konzeptionsweisen von Raum existieren und wie lassen sie sich hinsichtlich definierter Leitkriterien klassifizieren?

In Kapitel 2 wird eine erkenntnistheoretische Klassifikation der Raumkonzepte vorgenommen und wissenschaftsphilosophisch diskutiert. Absoluter und relativer Raum werden im Sinne des epistemologischen Dualismus von Empirismus und Idealismus des 17. Jahrhunderts erörtert. Der transzendentale Lösungsversuch dieser Dialektik durch Kant wird vorgestellt.

Wie sind absolute und relative Denkart von Raum in der Geographie umgesetzt worden? Welche sind die forschungslogischen Konsequenzen und wie sind sie aus sozialwissenschaftlicher Perspektive zu bewerten?

In den Kapiteln 3 und 4 seien die forschungsparadigmatischen Umsetzungen der beiden Raumauffassungen in der Geographie dargelegt. Der raumwissenschaftliche Ansatz wird hinsichtlich seiner theoretischen Konsequenzen analysiert. Für die Umsetzung eines revidierten relativen Raumes wird der handlungstheoretische Ansatz von Benno Werlen untersucht.

Welche alternative Konzeptionsweise von Raum wird behauptet? Wie läßt sie sich charakterisieren und kann sie ihre Behauptung einlösen? Welche forschungslogischen Konsequenzen impliziert eine solche Alternative?

Zunächst werden in Kapitel 5 einige zentrale wissenschaftsphilosophische Argumente vorgestellt, die eine kontextualistische Reflexion der Erkenntnistheorie und zentraler wissenschaftlicher Konzepte, wie Erklärung und Kausalität, bewirkt haben. Diese revidierten Konzepte bilden die Grundlage einiger Konzeptionsversuche von Raum, die in Kapitel 6 diskutiert werden. Die dort präsentierten kontextualistischen Entwürfe - ausschließlich aus der angelsächsischen Geographie - werden anhand des Kriterienkatalogs auf ihre Unterschiedlichkeit zu den klassischen Konzeptionen überprüft.

Gibt es eine zweite Alternative zum Denken und Verwenden von Raum aus sozialwissenschaftlicher Perspektive? Wie läßt sie sich charakterisieren?

In Kapitel 7 wird ein unvollständiger Versuch unternommen, aus einer Abwägung der diskutierten Raumvorstellungen Raum als eine empirische Perspektive zu begründen. Bestehende Konzepte werden auf Anhaltspunkte untersucht und daraufhin entwickelt.

2 Grundsätzliche Konzeptionsweisen von Raum

Auf welche grundsätzlichen Weisen läßt sich Raum denken? Welche Argumente stehen hinter den Auffassungen und welche Konsequenzen impliziert eine jede Raumkonzeption?

2.1 Einleitung

[**Vorbemerkung**] In den letzten Jahren sind einige Klassifikationen von Raum vorgelegt worden[11]. Auf der Suche nach einer grundsätzlichen Differenzierungsdimension als Grundlage einer Betrachtung und Vergleichsmöglichkeit einzelner geographischer Programme wird die Beschäftigung mit dem philosophischen Raumproblem unerläßlich. Denn hier begegnen sich die erkenntnistheoretisch rivalisierenden Denkarten in sehr klarer Form, da sie hinsichtlich ihrer Unterschiede von fachtheoretischen Annahmen abstrahiert betrachtet werden können.

[**Problem**] Das philosophische Denken von Raum beginnt mit den Griechen[12] und zeichnet sich gegenüber dem primitiven Raum der Naturvölker durch Abstraktion von der Territorialität der physischen Welt aus. Die Thematisierung des Raumproblems geht auf die Naturphilosophie und Physik zurück. Das Projekt, die materielle Welt der Körper und des Kosmos zu ergründen, kommt nicht ohne einen Raumbegriff aus. Unumstritten ist die Einsicht, daß sich Raum der sinnlichen Wahrnehmung entzieht, jedoch reicht das sinnlich Gegebene nicht hin, um das Weltbild der reinen Naturwissenschaft aus sich hervorgehen zu lassen[13]. Die Aufgabe philosophischer Forschung wird diesbezüglich darin erkannt, die Besonderheit des ontologischen Status des Raumes abzuklären. In der Geschichte dieser Abklärung gilt es zu bedenken, daß die Lösungsversuche in den übergeordneten Diskurs der Theologie, der Metaphysik, der Kosmologie und der Erkenntnistheorie eingebettet sind.

---

[1] vgl. Holzinger (1997), Simonson (1996), Curry (1995), Werlen (1995c) Häkli (1994), Hard (1989)
[12] Jammer (1960)
[13] Cassirer (1922)

[*Ziel der Darstellung*] Aufgrund des naturphilosophischen Hintergrundes der Raumdiskussion können direkte Aussagen zunächst nur für die physikalische Welt der Körper erwartet werden, denn die Bedeutung von Raum im Kontext sozialer Praxis wird in der Naturphilosophie nicht erörtert. Dennoch aber wird in Anlehnung an Werlens Ontologie des Raumes[14] das Ziel verfolgt, durch Dekonstruktion idealtypischer Raumauffassungen die Implikationen für sozialgeographische Argumentationslinien zum Raumbegriff zu gewinnen. Es sollen hier fundamentale Raumauffassungen entsprechend ihrer axiomatischen Unterschiede rekapituliert werden, um in den folgenden Kapiteln zu prüfen, inwieweit sich gegenwärtige sozialgeographische Raumauffassungen auf diese theoretischen Wurzeln zurückführen lassen. In der Bestimmung theoretischer Anleihen wird die Möglichkeit zur Dekonstruktion einiger zeitgenössischer Raumkonzepte gesucht, um letztlich deren immanente Konsequenzen und theoretische Innovativität aufzudecken. Drei klassische Lösungsversuche des philosophischen Raumproblems werden erörtert. Der absolute Raum sowie der relationale Raum sind als Ergebnisse entgegengesetzter erkenntnistheoretischer Positionen zu qualifizieren, die entweder der Einseitigkeit des Empirismus (Abschnitt 2.2) oder der des Rationalismus (Abschnitt 2.3) verschrieben sind. Die epistemologische Lösung des Raumproblems (Abschnitt 2.4) kann in dieser Hinsicht auch als eine Lösung der beschriebenen Erkenntnisdialektik begriffen werden.

2.2 Substantialistische Raumkonzeptionen

2.2.1 Aristoteles

[*Vorbemerkung*] In der Raumdiskussion der Antike formuliert Aristoteles (384 - 322 v.Chr.) die erste axiomatische Theorie des Raumes[15]. Seine Raumauffassung ist jedoch nicht als Anbeginn der Geschichte der Raumdiskussion zu begreifen, vielmehr ist sie als erste systematische Abgrenzung von den Vorar-

---

[14] Die Bezeichnungen absoluter/substantialistischer, relationaler und epistemologischer Raum werden aus der Darstellung Werlens (1995c) übernommen.
[15] Da Aristoteles selbst nur den Begriff *topos* verwendet, präzisiert Jammer (1960: 16), daß es sich eigentlich um eine Theorie des Ortes bzw. um eine Theorie der Stellung im Raum handelt.

beiten der atomistischen Schule des Demokrit, der Schule der Epikureer und Platons aufzufassen.

[*Ausgangsposition*] Bevor Aristoteles seine kritische Diskussion um die Frage der Seinsqualität des Raumes in Angriff nimmt, formuliert er zwei Voraussetzungen. Da er sie für gesichertes Wissen hält, sind sie scheinbar unproblematisch und garantieren die Existenz des Ortes.

Position1$_{\text{ARISTOTELES}}$. Die Existenz des Ortes kann aufgrund der Wechselumstellung als erwiesen angenommen werden: „Daß es nun so etwas wie Ort gibt, das scheint klar zu sein auf Grund der Wechselumstellung: Da, wo jetzt gerade Wasser sich befindet, eben dort - wenn es wie aus einem Gefäß entwichen ist - ist nun wieder Luft, ein andermal nimmt eben diesen Ort irgendein anderer der Körper ein. Dies scheint also doch etwas von allem Eintretenden und Wechselnden durchaus Verschiedenes zu sein. Worin jetzt gerade Luft ist, darin war früher Wasser; es ist also klar, daß der Ort und Raum etwas von beiden Verschiedenes sein mußte, in welchem und aus welchem sie wechselten" (Aristoteles' Physik, 208b).

Position2$_{\text{ARISTOTELES}}$. In zweiter Voraussetzung behauptet Aristoteles die generative Wirkkraft des Raumes. Auch diese erscheint ihm evident: „Weiter, die Bewegungen der natürlichen Körper, wie Feuer, Erde und dergleichen, zeigen nicht nur an, daß Ort wirklich etwas bedeutet, sondern daß er sogar eine gewisse Kraft besitzt. Es bewegt sich nämlich ein jeder an seinen eignen Ort, wenn man ihn nicht daran hindert, der eine nach oben, der andere nach unten. Dies sind aber Teile und Formen von Ort nämlich oben und unten und die übrigen der sechs Erstreckungen." (Aristoteles' Physik 208b)

Aus diesen Annahmen formuliert Aristoteles vier axiomatische Qualitäten, die ein ontologisch angemessener Raumbegriff zu erfüllen hat.[16]

Axiom1$_{\text{ARISTOTELES}}$. Der Ort umfaßt das, dessen Ort er ist und ist nichts von dem Dinge selbst.

---

[16] Aristoteles führt in seiner Physik (210b f.) selbst sechs Folgerungen aus, deren Gehalt Jammer (1960: 17f.) anschaulich in vier Punkten zusammenfaßt. An seine Darstellung sei hier angelehnt.

Axiom2$_{ARISTOTELES}$: Er ist weder größer noch kleiner als das von ihm umfaßte Ding.

Axiom3$_{ARISTOTELES}$: Er ist trennbar von dem Ding.

Axiom4$_{ARISTOTELES}$: Jeder Körper bewegt sich von Natur aus zu seinem angestammten Ort, wo er auch verbleibt.

Auf der Grundlage dieser Postulate eröffnet Aristoteles zwei kritische Überlegungen, in denen er die Schwierigkeiten der Bestimmung der Seinsqualität von Raum erkennt. Welchen Problemen sieht sich Aristoteles ausgesetzt?

[*Argumentation*] Die erste Schwierigkeit erkennt er in der Gegenüberstellung einer realen und einer idealen Position: Der Ort teilt zwar mit dem Körper die Eigenschaft der dreidimensionalen Ausdehnung in Länge, Breite und Tiefe, jedoch kann er kein Körper sein. Denn sonst teilten zwei Körper den selben Platz. Wenn Körper und der Ort des Körpers sich nicht unterscheiden, so ist Ort auch nicht unabhängig vom Körper. Ort kann daher nicht körperlich sein (Aristoteles' Physik, 209a). Der Ort kann ebensowenig unkörperlich sein, denn aus dem Gedachten heraus kann noch keine (reale) Raumgröße entspringen (Aristoteles' Physik, 209a).

Aus der hier angestellten Überlegung wird deutlich, daß Aristoteles sich selbst nur die Wahl zwischen Geist und Gegenstand gestattet, um den Raum ontologisch zu qualifizieren. Da er (2) rasch als unproblematisch ablehnt, sucht er die Lösung des Raumproblems in einer zweiten Gegenüberstellung, der zwischen Substanz und Gestalt:

(1) Begreift man Ort als den erfüllten Zwischenraum der Raumgröße, so ist er Stoff.

(2) Begreift man Ort als die äußere Umgrenzung des Körpers, so ist er Form.

Beide Lösungen sind wiederum nicht möglich, da sich der Ort sogleich nicht unabhängig vom Körper denken läßt. Eben die Unabhängigkeit vom Körper wird bereits in Axiom3$_{ARISTOTELES}$ axiomatisch gefordert. Der Ausweg besteht in der vielleicht ersten Formulierung des Container-Raumes: „Somit scheint Ort etwas Derartiges zu sein wie ein Gefäß - Gefäß meint doch soviel wie: Ort, der fortbewegt werden kann - ein Gefäß aber ist kein (Stück) des Gegenstandes (der im Gefäß ist)" (Aristoteles' Physik, 209b).

Raum$_{\text{ARISTOTELES}}$. Der nun bestimmbare Ortsbegriff wird letztlich folgendermaßen definiert: „Wenn also Ort keins von den dreien ist, weder Form noch Stoff noch eine Art Ausdehnung, als stets vorhandene und unterschiedene neben der des Gegenstandes, der den Platz wechselt, so ist es notwendig, daß Ort das noch übriggebliebene von den vieren ist, nämlich die Grenze des umfassenden Körpers." (Aristoteles' Physik 212a). Ort wird ontologisch als Akzidens bestimmt, d.h. er hat zwar reale Existenz (im Behälter), nicht aber unabhängige vom Körper (JAMMER 1960). Da die Körperwelt als endlich betrachtet wird und Raum Akzidens der Materie ist, ist Raum selbst auch endlich. Er ist die Summe seiner Orte.

Aristoteles erklärt den Raum als real existent, obwohl er sich der sinnlichen Wahrnehmbarkeit entzieht. Die Realität des Raumes findet ihren Ausdruck in der Attribution von Substantialität und Wirkkraft auf den Raum. Beide hält Aristoteles für erwiesen.

[*Diskussion*] Gegenstand einer kritischen Diskussion des Aristotelischen Raumbegriffs sind bereits die Voraussetzungen, die ihn anleiten, zu dem Ergebnis eines substantiellen Container-Begriffs zu gelangen. Beide Präskriptionen seien hier erörtert: In Position1$_{\text{ARISTOTELES}}$ folgt Aristoteles der aus seiner Sicht einzigen Konsequenz aus der Anerkennung der Existenz von Raum: seiner Verdinglichung. Nur in der Substanz bzw. der an sie geknüpften Akzidens kann Raum als seiend anerkannt werden. Als Geistesschöpfung könnte sie nicht eine Raumgröße generieren. Diese Argumentation kennzeichnet Werlen (1995c) als prämoderne Tradition, Begriff und Objekt nicht voneinander zu unterscheiden und somit der Hypostasierung der Begriffe den Weg zu ebnen. Raum wird gleichsam reifiziert und in seiner Behälter-Substanz gerechtfertigt. Die Behauptung aus Position2$_{\text{ARISTOTELES}}$ und Axiom4$_{\text{ARISTOTELES}}$ besitzt hingegen viel weitreichendere Implikationen. Aristoteles attribuiert die Ursachen der Bewegung auf den Raum selbst und schreibt sogar den Richtungen aufgrund ihres scheinbar objektiven Charakters je spezifische Wirkkraft zu[17]. Die Implikationen und Gegenargumente werden bei Werlen[18] transparent: Besitzt die Lage eine eigene Wirkkraft, so bestimmt sie die Qualität des lokalisierten Körpers mit. Dies wiederum bedeutet, daß der Lagewechsel eines Körpers auch seine Qualität verändert. Hingegen finden sich an unterschiedlichen Orten gleiche Qualitäten von Körpern. Auch können Körper ohne Qualitätsveränderung einen Ortswechsel überstehen. Wie ist das mit der Wirkkraft des Ortes zu vereinbaren? Ähnlich läßt sich gegen die Wirkkraft der Richtungen argumentieren: Sie werden als dem Beobachter äußerlich charakterisiert und erhalten so scheinbare Objektivität. Hingegen ändern sich die Richtungen mit dem Standortwechsel des Betrachters, nicht aber die Qualitäten der Körper, zu denen der Beobachter seine Richtung verändert hat. Behielte Aristoteles recht, so müßten sich bei Veränderung der Richtung des Beobachters auch die Gegenstände verändern.

2.2.2 Isaac Newton

[*Vorbemerkung*] Isaac Newton (1643 - 1727) gilt als eigentlicher Begründer der absoluten Raumauffassung (WERLEN 1995C) und liefert die bedeutendste Argumentation für den absoluten physikalischen Raum. Albert Einstein (1960) gesteht der Darlegung von Newton trotz seiner in der Relativitätstheorie begründeten Widerlegung dessen Raumbegriffs große Berechtigung zu. Denn die Entscheidung für den absoluten Raum aus der Notwendigkeit der Begründung seiner offensichtlich zutreffenden Mechanik verblieb nach Einstein im 17. Jh. ohne Alternative. Welchen Problemen sieht sich Newton zum Zeitpunkt der Entwicklung seiner Bewegungslehre ausgesetzt? Und welche Argumentation verfolgt er zur Begründung des absoluten Raumes?

[*Ausgangsposition*] Newton ist streng bemüht, Metaphysik und Naturwissenschaft voneinander zu trennen. Als Vertreter eines strengen Empirismus und Begründer der reinen Induktion fordert er für die Naturwissenschaft, keine an-

---

[17] Werlen (1995: 158) deckt die Widersprüchlichkeit der Argumentation Aristoteles' auf: Wenn jeder Körper an seinen ihm angestammten Ort drängt, dann ist es dieser selbst und nicht der Ort, der drängt. Weder Richtung noch Ort an sich müssen nach seiner Formulierung notwendigerweise generative Kraft erhalten.

[18] Werlen (1995: 157ff.)

deren als wahre, in der Erfahrung gewonnene Ursachen zur Erklärung der Phänomene heranzuziehen (CASSIRER 1922). Metaphysische Setzungen sollen keinerlei Platz mehr in der Physik finden.

[*Problem*] Hinsichtlich des Raumproblems, das sich ihm im Kontext der Bewegungslehre stellt, erkennt auch Newton die Unerfahrbarkeit des Raumes in der sinnlichen Wahrnehmung an. Die Lehre der reinen, auf Erfahrung beruhenden Induktion gelangt mit dieser Einsicht an einen kritischen Punkt. Newtons Lösungsversuch läßt sich folgendermaßen rekonstruieren: Gerade weil der absolute Raum nicht sinnlich wahrnehmbar ist, bedarf es des relativen Raumes, der als Metrik des absoluten seine Bedeutung gewinnt. Der relative Raum dimensioniert den absoluten, indem er die Lagerelationen der Körper zueinander bestimmen hilft. Newtons erstes Bewegungsgesetz[19] bedarf der theoretischen Grundlegung in einem absoluten Bezugssystem, so daß er den absoluten Raum letztlich ohne direkte Beweismöglichkeit seinem System der Induktion metaphysisch voransetzt (CASSIRER 1922). Der Widerspruch zum eigenen Programm ist damit unausweichlich.

[*Argumentation*] Dennoch beansprucht Newton, einen indirekten Beweis für den absoluten Raum antreten zu können. Folgende, der Zahl nach von Werlen (1995c) identifizierte, physikalisch orientierte Argumente führt er ins Feld:

Argument1$_{NEWTON}$. Da es reale Kräfte gibt und diese auf die Körper äußerlich, nämlich raumvermittelt wirken, muß Raum konsequenterweise als Absolutes bzw. Substantielles existieren. Diese Überzeugung drückt sich bereits im ersten Bewegungsgesetz aus. Der Raum wird zum Vehikel ursächlicher Wirkkraft.

Argument2$_{NEWTON}$. Die Annahme realer Kräfte außerhalb der Masse erfordert ferner die Unterscheidung von relativer und absoluter Bewegung: Ein Körper, der sich auf einem Schiff befindet, hat relative Ruhe in Relation zu dem Schiff, absolute Ruhe hingegen in bezug auf den absoluten Raum. Die relative Bewegung des Körpers ergibt sich aus der relativen Bewegung des Schiffes auf der

---

19 „Jeder Körper beharrt in seinem Zustande der Ruhe oder der gleichförmigen geradlinigen Bewegung, wenn er nicht durch einwirkenden Kräfte gezwungen wird, seinen Zustand zu ändern." (Newton 1872): Mathematische Prinzipien der Naturlehre. - Berlin S. 32; zitiert nach Werlen 1995c: 171).

Erde und der des Körpers auf dem Schiff. Seine absolute Bewegung ergibt sich aus der relativen Bewegung des Schiffes auf der Erde und der wahren Bewegung der Erde im unbewegten Raum.[20] Befinden sich zwei Körper in relativer Bewegung zueinander, so muß sich zumindest einer von ihnen absolut bewegen, denn es ist unmöglich, daß beide in bezug auf den absoluten Raum in Ruhe sind (Werlen 1995c).

Argument3$_{\text{NEWTON}}$. Die absolute Bewegung dient als Indikator des absoluten Raumes und gilt mit dem Eimerversuch[21] als empirisch erwiesen: Die relative Bewegung zwischen Eimer und Wasser ist am Anfang (nur der Eimer dreht sich) und am Ende (nur das Wasser dreht sich) identisch. Existierte aber nur relative Bewegung, so dürfte kein physikalischer Unterschied zwischen beiden bestehen. In der Tat aber weist das Wasser in beiden Fällen unterschiedliche Oberflächenformen auf (anfangs eben, schließlich paraboloid). Die Bewegung muß folglich absolut sein (JAMMER 1960).

In der Darlegung physikalischer Argumente für die Existenz des absoluten Raumes erschöpft sich Newtons Argumentation jedoch noch nicht. In seinem Spätwerk übertritt er zusehends die von ihm selbst und in der Tradition der von Francis Bacon begründeten experimentellen Philosophie[22] postulierte Grenze von Metaphysik und Naturphilosophie. Zeugnis dieser Überschreitung ist das theologische Argument für den absoluten Raum:

---

[20] Die Darstellung ist an Jammer (1960: 26f.) angelehnt.

[21] Newton beschreibt das Experiment anschaulich: „Man hänge ein Gefäß an einem sehr langen Faden auf, drehe dasselbe beständig im Kreis herum, bis der Faden durch die Drehung sehr steif wird; hierauf fülle man es mit Wasser und halte es zugleich mit letzterem in Ruhe. Wird es nun durch eine plötzlich wirkende Kraft in entgegengesetzte Wirkung versetzt und hält diese, während der Faden sich ablöst, längere Zeit an, so wird die Oberfläche des Wassers anfangs eben sein, wie vor der Bewegung des Gefäßes, hierauf, wenn die Kraft allmählich auf das Wasser einwirkt, bewirkt das Gefäß, daß dieses (das Wasser) merklich sich umzudrehen anfängt. Es entfernt sich nach und nach von der Mitte und steigt an den Wänden des Gefäßes in die Höhe, indem es eine hohle Form annimmt. (...) Durch eine immer stärkere Bewegung steigt es mehr und mehr an, bis es in gleichen Zeiträumen mit dem Gefäße sich umdreht und relativ in demselben ruhet. Dieses Ansteigen deutet auf ein Bestreben, sich von der Achse der Bewegung zu entfernen, und durch einen solchen Versuch wird die wahre absolute kreisförmige Bewegung des Wassers, welche der relativen hier ganz entgegengesetzt ist, erkannt und gemessen" (Newton 1672: 29; zitiert nach Werlen 1995c: 172f.)

[22] vgl. Dellian (1990)

Argument4$_{\text{NEWTON}}$: Raum und Zeit sind Attribute bzw. jedes ein Sensorium Gottes. Als Sensorium Gottes sei Raum so verstanden, daß er als Instrument der göttlichen Ordnung und Herrschaft über das Universum funktioniert. Die Leistungsfähigkeit der reinen Induktion wird im Glauben an die Nachweisbarkeit transzendentaler Realität[23] so groß eingeschätzt, daß selbst „Gott, als die eigentliche Quelle dieser [aller beobachtbaren] Kräfte, (...) wissenschaftlich beweisbar" wird (DELLIAN 1990: XXXIII).

[*Diskussion*] Das Paradigma der experimentellen Philosophie leitet Newton in der Überzeugung, objektive Erkenntnis durch die Methode der reinen Induktion auf der Grundlage sinnlicher Erfahrung erlangen zu können. Damit glaubt sich Newton in der Tradition von Johannes Kepler, Galieo Galilei und des Kopernikus, die sich ihrerseits vom philosophischen Relativismus distanzieren, wie er sich in der cartesischen Erkenntnistheorie des 17. Jh. präsentiert (DELLIAN 1990). Newton selbst ist von seiner Beweisführung für den absoluten Raum überzeugt und setzt dessen Existenz folglich als unproblematisch voraus. Seine Position wird, wenngleich Einstein ihre Notwendigkeit auf der Grundlage des Kenntnisstandes im 17. Jh. anerkennt, dennoch von zwei erkenntnistheoretischen Positionen her kritisiert.

Als Vertreter der strengen empirischen Grundlegung der Naturwissenschaften sieht sich George Berkeley (1685 - 1753) herausgefordert, Newtons metaphysische Setzung des absoluten Raumes als Unterwanderung des methodologischen Paradigmas seiner Mechanik zu identifizieren. In der Anschauung eines naiven Empirismus mißt er der Abstraktion als gedankliche Operation einen immanenten Irrtumscharakter bei. Denn mit der Abstraktion von einem Erfahrungsinhalt werde ein neuer, diesem entkoppelter Inhalt kreiert, der die Einheit der Erfahrung bricht. Jede Rückführung der Abstraktion auf die Verhältnisse der sinnlichen Welt müsse konsequenterweise widerspruchsvoll sein (CASSIRER 1922). Berkeleys Kritik illustriert die Abweichung des Postulats vom absoluten Raum aus der Perspektive eines reinen Empirismus.

Konkret hält Berkeley dem ersten Bewegungsgesetz entgegen, daß die Verharrung eines sich selbst überlassenen Körpers in Ruhe oder in einer gleich-

---

[23] Der Begriff *transzendent* bezeichnet hier etwas nicht wahrnehmbar und dennoch real Gegebenes.

förmigen geradlinigen Bewegung nichts an Geltung verliere, wenn man die Bewegung des Körpers auf den Fixsternhimmel anstatt auf den absoluten Raum bezöge. Cassirer (1922) hält dieses Gegenargument wiederum den rationalen Motiven des Newton nicht für angemessen.[24] Die eigenen Überlegungen zum Raum führen Berkeley aber nicht aus dem Dilemma: Raum entzieht sich der sinnlichen Wahrnehmung, ist aber irgendwie mit der Körperwelt verknüpft, so daß er auch kein reiner Verstandesbegriff sein kann (CASSIRER 1922). In diesem Zwiespalt reproduzieren sich die gleichen Erwägungen, mit denen Aristoteles bereits einer Lösung beizukommen versuchte (vgl. 2.2.1).

Erst mit der modernen Physik erfahren die physikalischen Argumente Newtons empirische Widerlegung: Ernst Mach (1838 - 1916) und Albert Einstein (1879 - 1955) können nachweisen, daß die Kraft nichts den Körpern Äußeres ist, sondern eine Funktion der Massen selbst, womit Argument 1_{NEWTON} und Argument 3_{NEWTON} ihren Aussagewert verlieren (Werlen 1995c). Argument 2_{NEWTON} kritisiert Jammer wie folgt (1960: 118): „Die Schwäche dieses Arguments liegt in der unhaltbaren Annahme, daß ein absolutes Bezugssystem eine wesentliche Vorbedingung für die Beschreibung des Verhaltens dieser Körper ist." Doch schon vor dieser empirischen Widerlegung aus der Physik nahmen viele Physiker Abstand von dem umstrittenen Begriff des absoluten Raumes[25], diente er doch lediglich der theoretischen Vervollständigung einer Mechanik, deren Gesetze auch ohne den metaphysischen Unterbau bis zum Beginn des 20. Jh. unbezweifelte Gültigkeit besitzen sollten.

Die nachhaltigere und bei weitem heftiger geführte Kritik eröffnet Gottfried Wilhelm Leibniz (1646 - 1716). Über Caroline, der Prinzessin von Wales, führt Leibniz eine Schriftkorrespondenz (1715/16) mit Samuel Clarke, der als Schüler Newtons dessen Position verteidigt. Leibniz argumentiert in der Tradition der cartesischen Philosophie des erkenntnistheoretischen Subjektivismus (DELLIAN 1990) und bestreitet die substantialistische Auffassung des Raumes vor allem auf der Grundlage metaphysischer und theologischer Argumente.

Es ist charakteristisch, daß Leibniz seine Kritik auf Argument 4_{NEWTON} konzentriert. Vermutlich lenkt er die Diskussion auf die theologische Ebene, da er

---

[24] Eine Erklärung für die Ablehnung des Arguments bleibt er jedoch schuldig.
[25] Werlen (1995c: 174)

selbst der Unterscheidung von absoluter und relativer Bewegung im Briefwechsel mit Clarke aufgrund von Argument 3_{NEWTON} zustimmt. Leibniz scheitert in dem Bemühen, ein dynamisches Argument für die relative Bewegung zu finden (JAMMER 1960), so daß er der physikalischen Debatte nichts entgegensetzen kann. Im einzelnen entgegnet Leibniz auf Argument 4_{NEWTON} mit folgenden Argumenten:

Argument1$_{LEIBNIZ}$. Ein absoluter Raum, legitimiert über die Funktion als Sensorium Gottes, muß einen körperlichen Gott zur Konsequenz haben. Nur ein körperlicher Gott kann sich des substantiellen Raumes als Sensorium bedienen.

Argument2$_{LEIBNIZ}$. Wenn sich Gott des Raumes als Sensorium bedienen muß, um das Weltgeschehen zu lenken, so ist er von diesem abhängig und damit nicht allmächtig. Da er es aber ist, kann der Raum nicht substantiell und noch viel weniger notwendiges Instrument sein.

Argument3$_{LEIBNIZ}$. Wenn Gott des Raumes als Sensorium bedarf, so hat er eine Welt geschaffen, die von Zeit zu Zeit korrigiert werden muß wie eine Uhr, die man beständig neu aufziehen muß. Vorausgesetzt eine solche Korrektur muß bisweilen geschehen, so ließe sich trotzdem nicht für den absoluten Raum bzw. substantiellen Gott argumentieren: „Wenn Gott die natürlichen Dinge von Zeit zu Zeit korrigieren muß, so muß das entweder übernatürlich oder natürlich vonstatten gehen. Wenn es übernatürlich vor sich geht, so muß man für die Erklärung der natürlichen Dinge zum Wunder Zuflucht nehmen, was darauf hinausläuft, eine Hypothese ad absurdum zu führen. Denn mit Wundern kann man alles leicht erklären. Wenn es aber natürlich vor sich geht, so ist Gott keine intelligentia supramundana, sondern er ist als die Natur der Dinge zu begreifen, d.h. er ist dann die Seele der Welt." (LEIBNIZ 2. Brief) Dieses Argument sei zunächst nur in seiner Negation begriffen, das Gottesbild als substantielles, den Dingen äußeres abzulehnen. Die Gegenbehauptung Gottes als „Seele der Welt" sei im nächsten Abschnitt ausgeführt.

Argument4$_{LEIBNIZ}$. Ausgehend vom Axiom des hinreichenden Grundes[26] läßt sich die Unmöglichkeit der Existenz des absoluten Raumes demonstrieren. Wenn

---

[26] Das Axiom des hinreichenden Grundes ist das der Naturlehre zueigene Prinzip, mit dem sie sich von der reinen Mathematik unterscheidet, die ihrerseits auf das Axiom der Identität begründet ist. Unter Voraussetzung eines hinreichenden Grundes wird postu-

Raum eine absolute Wesenheit besäße, so ließe sich dafür kein hinreichender Grund finden. Da aber nichts ist, wenn es keinen hinreichenden Grund dafür gibt, so kann es keinen absoluten Raum geben[27]. Clarke erwidert, daß es nicht im Vermögen des Menschen liegen müsse, die Gründe für Gottes Tun nachzuvollziehen und seine Allmacht durch die eigene Vernunft begrenzen zu wollen, wohingegen Leibniz folgert, daß sogleich dem Rückfall in die verschwommene Gleichgültigkeit die Pforte geöffnet sei, vertraue man nicht mehr den ersten Prinzipien.[28]

Diese vier repräsentieren die wesentlich dekonstruktiven theologischen Argumente, die Leibniz der Newtonschen Raumauffassung entgegenhält. Doch verraten sie bislang wenig über seine konstruktive Gegenkonzeption hinsichtlich der ontologischen Qualität des Raumes. Der konstruktive Teil seiner Argumentation soll daher als relationale Raumauffassung im folgenden Abschnitt dargelegt werden.

Hinsichtlich des Argumentationsspektrums der Newtonschen Raumauffassung sei mit Cassirer (1922: 470f.) zusammenfassend konstatiert: „Die Einwände, die Leibniz und Berkeley gegen Newtons Raum- und Zeitlehre und ihre metaphysischen Folgerungen richten, messen - gerade wegen des weiten Abstandes, der zwischen ihnen selber besteht - das Gesamtgebiet des Problems aus und stecken das Feld, auf dem die Diskussion sich fortan bewegen sollte, bereits in allgemeinen Umrissen ab". Berkeley und Leibniz fordern die Position des absoluten Raumes von zwei Seiten heraus; Berkeley aus Sicht eines rei-

---

liert, „daß nichts geschieht, ohne daß es einen Grund gibt, weshalb es eher so als anders geschieht." (Leibniz, 2. Brief an Clarke 1715)

[27] Leibniz führt dazu selbst aus:„Der Raum ist etwas absolut Gleichförmiges, und ohne darin befindliche Dinge unterscheidet sich ein Punkt des Raumes absolut in nichts von einem anderen Punkt des Raumes. Nun folgt hieraus, vorausgesetzt der Raum ist irgend etwas für sich selbst außer der Ordnung der Körper untereinander, daß es unmöglich einen Grund geben könnte, weshalb Gott, bei Aufrechterhaltung derselben Lagen der Körper zueinander, sie im Raum so und nicht anders angeordnet hätte, und weshalb nicht alles entgegengesetzt angeordnet wurde, beispielsweise durch einen Tausch von Osten und Westen. Wenn aber der Raum nichts anderes ist, als diese Ordnung oder Beziehung, und wenn er ohne die Körper überhaupt nichts ist, als die Möglichkeit, sie darin anzuordnen, so würden diese beiden Zustände, der eine der, wie er ist, der andere entgegengesetzt angenommen, sich untereinander in nichts unterscheiden: ihr Unterschied findet sich nur in unserer abwegigen Voraussetzung der Wirklichkeit des Raumes" (Leibniz, 3. Brief an Clarke 1715).

[28] vgl. Clarke (1990: Briefwechsel 2,3 und 4)

nen Empirismus; Leibniz aus der Perspektive eines erkenntnistheoretischen Rationalismus bzw. Idealismus.

2.3 Relationale Raumkonzeption

[*Vorbemerkung*] Die philosophische Weltanschauung von Leibniz steht in der Tradition des Rationalismus, der in der Verstandesfähigkeit des menschlichen Subjektes den Quell aller Erkenntnis vermutet und eine subjektunabhängige, objektive Realität konsequenterweise ablehnt. Ebenso ist aus seiner Perspektive das Postulat eines leiblichen, stofflichen Gottes abzulehnen. Es ist zu fragen, welche Argumentation Leibniz zur Daseinsqualität Gottes und darüber hinaus des Raumes vorlegt. Leibniz vervollständigt das System des kartesischen Subjektivismus durch eine Trennung von physischer Welt und der Welt des reinen Verstandes[29] und begründet im Anschluß die Monadenlehre, die es ihm ermöglichen soll, die Existenz Gottes in der physikalischen Welt dennoch nachzuweisen. Seine Konstruktionsschritte seinen im Folgenden nachvollzogen.

[*Ausgangsposition*] In den Monaden begründet Leibniz die unteilbaren Einheiten der organischen Welt, die der Durchdringung Widerstand leisten und dem Körper mehr als nur reine Ausdehnung vermitteln[30]. Die Konstruktion der Monadenlehre repräsentiert die Alternative zur Newtonschen Lehre des äußerlichen Gottes: Denn insbesondere gemäß Argument $3_{LEIBNIZ}$ kann Gott unmöglich substantiell sein und von außen auf die Welt einwirken. Da er dennoch auf die Welt einwirkt, so liegt die Konsequenz in der Annahme, daß Gott als Seele der Welt den Monaden innewohnt. Nur auf dieser Grundlage kann Leibniz Argument 1 und Argument $2_{LEIBNIZ}$ zur Ablehnung eines Äußeren formulieren.

Die Monadenlehre hat ferner entscheidende Implikationen für seine Raumauffassung: Legitimiert sich der absolute Raum als Träger der Wirkkraft der Be-

---

[29] Kritiker erkennen in der Trennung von physikalischer und Verstandeswelt eine Restauration der scholastischen Tradition (vgl. Dellian 1990), die die mittelalterliche Philosophie so stark dominierte: Hinter der Lehre der zwei Wahrheiten etabliert sich in der Scholastik die Auffassung, daß auch zwei widersprüchliche Aussagen - jede für sich - wahr seinen können. Auf diese Weise begegnete man der Widersprüchlichkeit von den Erkenntnissen der Naturlehre und der Theologie.

[30] Werlen (1995c: 181f.)

wegung, so muß Leibniz erweisen, daß die Bewegung keineswegs ihre Ursache außerhalb der Körper hat. Die Monaden verleihen den Körpern mehr als nur die Qualität der Ausdehnung - denn diese reicht nicht zur Bewegung aus - sondern statten sie mit eigener Wirkkraft aus[31]. In den Monaden drückt sich nicht nur die Seele Gottes im Körper aus, sondern auch die Ursächlichkeit und Wirkkraft aller Bewegung. In diesem Sinne kann die Forderung nach einem gegenständlichen Raum als Motor der Bewegung aufgegeben werden. Welche Konsequenzen ergeben sich nun für die Konstruktion eines alternativen Raumbegriffs, dem bereits jede Substantialität und Wirkkraft - die Kerneigenschaften der bisherigen Raumauffassungen - argumentativ entzogen sind? Entsprechend seiner rationalistischen Weltanschauung formuliert Leibniz im dritten Brief an Clarke:

> **Raum**$_{\text{LEIBNIZ}}$. „Was mich angeht, so habe ich mehr als einmal betont, daß ich den Raum für etwas bloß Relatives halte, wie die Zeit; für eine Ordnung des gleichzeitig Bestehenden, wie die Zeit eine Ordnung von Aufeinanderfolgendem ist. Denn der Raum bezeichnet als Ausdruck der Möglichkeit eine Ordnung von Dingen, die zur selben Zeit existieren, insofern sie zusammen existieren, ohne auf ihre besonderen Arten zu existieren einzugehen: und wenn man mehrere Dinge zusammen sieht, so nimmt man diese Ordnung der Dinge untereinander wahr" (CLARKE 1990: 28[32]).

Leibniz dokumentiert damit sein relationales Raumverständnis, das sich in folgenden Argumenten illustrieren läßt:

Argument1$_{\text{LEIBNIZ}}$. Die Lagebeziehung der Körper zueinander ist völlig hinreichend für die Idee des Raumes. Raum ist nunmehr ideale Konstruktion, um den Dingen die kategoriale Eigenschaft des Lageverhältnisses zueinander zuzuschreiben.

Argument2$_{\text{LEIBNIZ}}$. Raum ist folglich gänzlich unabhängig von den Körpern. Er bestimmt keine Seinsqualität und wirkt nicht auf sie in Form von Bewe-

---

[31] vgl. Werlen (1995c: 182f.)
[32] Leibniz 3. Brief von 1716

gungsimpulsen ein. Die Qualitäten der Körper lassen sich ohne den Rückgriff auf Raum oder Zeit bestimmen.

Zur weiteren Veranschaulichung der Idealität des Raumbegriffs zieht Leibniz den Vergleich zur Konstruktion von Beziehungsgraden in Stammbäumen: In einem Familienstammbaum wird die relative Position der Beziehungen von Individuen zueinander hergestellt, ohne diesem System ontologische Existenz zuzuordnen. Ebenso wie die Annahme absoluter Existenzen in einem Stammbaum ist der absolute Raum folglich eine Hypostasierung[33].

[*Diskussion*] Die Opposition des relationalen zum absoluten Raumbegriff ist kein Leibnizsches Novum. Denn bereits Theoprast (372 - 287 v.Chr.) kritisierte die Position seines Lehrers Aristoteles mit dem Argument, der Raum besitze keine Realität, sondern kennzeichne als ein System miteinander verbundener Beziehungen die Ordnungsrelationen zwischen den Körpern (JAMMER 1960). Leibniz sei folglich nicht als Begründer, sondern vielmehr als zentraler Vertreter des Relationalen gewürdigt. Mit ihm setzt sich anhand des Raumbegriffs die klassische Dialektik von Realismus und Idealismus fort. Der Gegenstand seiner Antithese sei wie folgt rekapituliert.

Leibniz führt eine Reihe von Argumenten gegen eine substantialistische Raumauffassung an, wobei das Raumproblem sehr stark an theologische Fragen angelehnt und die Beweisgrundlage letztlich doch metaphysisch bleibt. Auch wenn z.B. Benno Werlen seine Argumentation insgesamt als ausreichend betrachtet, einen absoluten Raumbegriff abzulehnen[34], so sind seine Widerlegungen m.E. nicht als zwingend anzuerkennen. Gewiß wird Leibniz durch Mach und Einstein empirische Evidenz zur Negation des gegenständlichen Raumes erhalten - und somit Recht behalten - doch kann er selbst weder eine zwingende Widerlegung noch eine erwiesene Gegenkonzeption vorlegen.

Zur Widerlegung des substantialistischen Raumes verfolgt Leibniz zwei Argumentationslinien: Einmal knüpft er den Raum, angestoßen durch Argument 4$_{NEWTON}$, an das Gottesbild und legt in vier Argumenten dar, weshalb Gott der Welt nichts Äußerliches sein kann. Leibniz kann hier sicherlich gefolgt werden,

---

[33] vgl. Jammer (1960: 127)
[34] Werlen (1995c: 192)

jedoch ist eine theologisch motivierte Diskussion des Raumes aus der Perspektive einer heute entspiritualisierten Wissenschaft sicher kritisch zu bewerten. Ihm zu folgen bedeutet: Es gibt keinen stofflichen Gott, also gibt es auch keinen gegenständlichen Raum. Die zweite Argumentationslinie verbirgt sich hinter dem metaphysischen Konstrukt der Monadenlehre, die letztlich als Behauptung qualifiziert werden muß. Gott wirkt als der Welt Inneres in den Monaden und ergänzt die organische Welt um die Möglichkeit der autonomen Wirkkraft ihrer Bewegung. Ihm wieder zu folgen bedeutet: Gott wohnt der Welt als Seele bei, folglich kommt alle Kraft von innen und ist nicht der Welt äußerlich. Warum aber sollte man dem System der Monaden folgen?

Zur Begründung einer Gegenkonzeption betont Leibniz die Erkenntnisqualität des menschlichen Verstandes. Ausgehend von der Negation stofflicher Existenz und ursächlicher Wirkkraft reduziert Leibniz den Raum zur Ordnungskategorie. Als gedankliches Ideal erlaubt der Raum die Zuschreibung von Lagerelationen zwischen den Dingen. Doch kann bei kritischer Betrachtung auch dieser Position nicht gefolgt werden: Denn als reiner Begriff setzt die Vorstellung des „Beisammen" bereits ein Raumkonzept voraus[35]. Auf welchen Erfahrungen beruht folglich räumliche Vorstellung? (vgl. 2.4).

Zumindest aus der Sicht einer empirischen Wissenschaft kann es nachvollzogen werden, daß Albert Einstein zu dem Urteil gelangt, daß es im ausgehenden 17. Jh. keine Alternative zum Postulat eines absoluten Raumes geben konnte (EINSTEIN 1960). Leibniz ist es aber zu verdanken, eine Antithese zum substantialistischen Raumbegriff zu etablieren, die der Antinomie des Raumproblems zur vollen Transparenz verhilft. Auch Leonhard Euler (1707 - 1783), der die Newtonsche Lehre fortentwickelte, sieht sich mit dieser Antinomie konfrontiert: Einerseits muß der Raum in seiner Notwendigkeit zur Begründung der Mechanik auch dinglich wirklich sein, andererseits führt ihn die Ergründung der Möglichkeit der Erfahrung auf die reinen Begriffe zurück. Auf diese Weise glaubt er die Grenzen zwischen Metaphysik und exakter Wissenschaft beständig verschwimmen zu sehen. Das bringt ihn zur wegweisenden Schlußfolgerung: Wenn die Qualität des Raumes von den Philosophen keiner ihrer Klassen der Realität zuzuordnen ist, dann sind die Klassen nicht adäquat. Eine

---

[35] Werlen (1995c: 192)

Neuordnung der Schemata müsse erfolgen, um der eigenartigen Objektivität des Raumes gerecht werden zu können[36].

2.4 Epistemologische Raumkonzeption

[*Vorbemerkung*] Mit Immanuel Kant (1724 - 1804) erfährt die philosophische Raumdiskussion eine entscheidende Wendung. Aus der dialektischen Betrachtung der widerstreitenden Positionen von Empirismus (Newton, Locke) und Rationalismus (Descartes, Leibniz) strebt Kant eine Ergründung der ersten Prinzipien der Erkenntnis an und hinterfragt mit der Begründung der kritischen Transzendentalphilosophie die Grundlage und Möglichkeit der Metaphysik selbst. Hauptwerk dieser Analyse ist die Kritik der reinen Vernunft (1781), in der Raum und Zeit als zentrale Momente behandelt werden. Damit löst Kant die Raumproblematik aus dem physikalisch-naturphilosophischen Kontext seiner Vorgänger und diskutiert Raum in seiner erkenntnistheoretischen Bedeutung[37]. Welche Einsichten diesem Vorgehen zugrunde liegen und worin Seinsqualität und Funktion des Raumes im Kant'schen Sinne bestehen, sei im Folgenden erörtert.

[*Problem*] Im Lichte der vorherrschenden Raumdiskussion schwankt Kant zunächst zwischen den Positionen von Newton und Leibniz und unternimmt bisweilen Versuche, den absoluten Raum zu beweisen[38] (JAMMER 1960). Doch bald identifiziert er das Dilemma rein empiristischer Positionen einerseits und rationalistischer andererseits: Während Empiristen alle Erkenntnis auf sinnliche Erfahrung zurückführen und eine voraussetzungsfreie reine Erfahrung postulieren, behaupten Rationalisten die absolute Erschließung der Wirklichkeit auf der Grundlage reiner Begriffe bzw. reiner Vernunft (WERLEN 1995C). In bei-

---

[36] Cassirer (1922: 485)
[37] vgl. Werlen (1995c)
[38] In *Von dem ersten Grunde des Unterschieds der Gegenden im Raume* glaubt Kant den absoluten Raum dadurch zu demonstrieren, daß es trotz identischer Anatomie, hier Übereinstimmung der inneren Beziehungen der Teile, von linker und rechter Hand unmöglich ist, die eine an die Stelle der anderen zu legen. Weyl weist hingegen nach, daß das beschriebene Problem ein Permutationsproblem darstellt und somit rein kombinatorischer Natur ist: Durch Drehung im drei- bzw. vierdimensionalen Raum kann der Unterschied von links und rechts egalisiert und somit als invariant gegenüber den Naturgesetzen nachgewiesen werden (Jammer 1960).

den Fällen bleiben die Möglichkeiten bzw. die vorempirischen Bedingungen der Erfahrung sowie der reinen Vernunft unhinterfragt. Ausgehend von diesem erkenntnistheoretischen Defizit unterzieht Kant die Vernunft hinsichtlich ihres Erkenntnisvermögens einer kritischen Analyse. Er versucht abzuklären, welchen apriorischen, d.h. vorempirischen Prinzipien die Vernunft unterstellt ist und kennzeichnet diesen Aspekt als eigentlich metaphysisches Problem. Metaphysische Erkenntnis ist ihrer Quelle (und Definition) nach nicht empirisch [39]und somit a priori. Da es metaphysische Erkenntnis gibt, ist nicht die Frage ihrer Existenz, also des „ob", sondern vielmehr die ihrer Möglichkeit, d.h. des „wie?" zu klären: Eben diese Aufgabe kommt der in der Prolegomena[40] eingeführten Transzendentalphilosophie zu. Sie geht der Metaphysik voraus, indem sie die Möglichkeit der metaphysischen, d.h. der Erkenntnis a priori bestimmt. Hierin kommt Kants Überzeugung zum Ausdruck, daß metaphysische Urteile nicht in der Metaphysik gefunden werden - dies ist der Usus der mittelalterlichen Philosophie - sondern alleine in den Vernunftgesetzen. Alle Erkenntnis wird folglich als vernunftbasiert erklärt. Aufgrund welcher Argumentation gelangt Kant zu dieser Ausgangsposition?

[*Ausgangsposition*] Zur Bestimmung der spezifischen Erkenntnisart der Metaphysik und der Plausibilität der Transzendentalphilosophie unterscheidet Kant vier Erkenntnistypen (Fig.1). Die Einteilung der Typen beruht auf der Unterscheidung von apriorischer (vorempirischer) und aposteriorischer (empirischer) Erkenntnis und von analytischen und synthetischen Urteilen. Analytische Urteile sind erläuternd in dem Sinne, als sie im Prädikat nichts aussagen, was nicht schon im Begriff des Subjektes enthalten ist (z.B. trifft der Satz „alle Körper sind ausgedehnt" keine Aussage, die nicht dem Begriff des Körpers bereits immanent ist[41]). Sie beruhen auf dem Satz des Widerspruchs und sind nicht erkenntniserweiternd. Synthetische Urteile hingegen sind erweiternd in dem Sinne, als sie im Prädikat etwas aussagen, was noch nicht im Begriff des Subjektes enthalten ist (z.B. liefert der Satz „einige Körper sind schwer" eine Information im Prädikat, die nicht aus dem Begriff 'Körper' zu schließen ist). Sie können daher nicht allein aus dem Satz des Widerspruchs entspringen.

---

[39] Kant (1988b: 124f.)
[40] zuerst erschienen 1873
[41] Dieses und das folgende Beispiel sind Kants Demonstration der Urteilsformen identisch entnommen (vgl. Kant 1988b: 125)

Aus dieser systematischen Unterscheidung lassen sich nun vier Erkenntnistypen bestimmen (vgl. Fig.1):

(a) Analytische Urteile sind konsequenterweise immer a priori, auch wenn empirische Begriffe vorliegen, da sie erfahrungsfrei auf der Basis des Satzes vom Widerspruch das Subjekt im Prädikat erläutern.

(b) Analytische Urteile und aposteriorische Erkenntnis schließen sich aufgrund von (a) aus.

Fig 1   Urteilsformen nach Kant

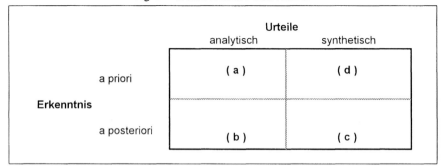

Quelle: nach Werlen (1995c)

(c) Synthetische Urteile a posteriori sind Erfahrungsurteile. Diese Erkenntnis ist unproblematisch, da Erfahrung selbst nichts anderes ist als eine Synthese der Wahrnehmungen.

(d) Synthetische Urteile a priori konstituieren den Gegenstand der Metaphysik. Sie bilden die der Erfahrung vorangehende Erkenntnis im engen Sinne, denn nur synthetische Erkenntnis ist erweiternd (wie zuvor gezeigt). Die Aufgabe der Metaphysik ist es, (synthetische) Erkenntnis a priori zu erzeugen.

Anhand der Unterscheidung dieser Erkenntnistypen erbringt Kant den Nachweis, daß die Quellen metaphysischer Urteile (d) in den Vernunftgesetzen gefunden werden und nicht in der Metaphysik selbst. Die Transzendentalphilosophie wird an diesem Punkt eingeführt zur Klärung der Möglichkeit von Metaphysik überhaupt. Ihre Aufgabe ist es zu zeigen, wie synthetische Urteile a priori möglich sind. Der axiomatische Ausgangspunkt zur Begründung dieses

Programms sei noch einmal expliziert: Kant setzt voraus, daß Erkenntnis aus reiner Vernunft möglich ist.

In der Kritik der reinen Vernunft kleidet Kant das Programm der Transzendentalphilosophie aus. Da jede Erkenntnis gleichermaßen auf der Sinneswahrnehmung wie auf dem Verstande beruht, unterscheidet er in der transzendentalen Elementarlehre die transzendentale Logik als Wissenschaft von den Prinzipien des reinen Denkens und die transzendentale Ästhetik als Wissenschaft von allen apriorischen Prinzipien. Welche Bedeutung erlangt nun der Raumbegriff?

Raum$_{KANT}$. Raum (und Zeit) findet in der transzendentalen Ästhetik seine Bestimmung als reine Anschauung. Unter dem Begriff der Anschauung begreift Kant zunächst die Erkenntnis, die sich vermittels der Sinnlichkeit und des Verstandes generiert. Damit bezieht Kant entgegen den Rationalisten die Sinneswahrnehmung in den Erkenntnisprozeß mit ein (WERLEN 1995C). Die reine Anschauung wiederum definiert Kant als reine Form der Sinnlichkeit: „So, wenn ich von der Vorstellung eines Körpers das, was der Verstand davon denkt, als Substanz, Kraft, Teilbarkeit etc., imgleichen, was davon zur Empfindung gehört, als Undurchdringlichkeit, Härte, Farbe etc. absondere, so bleibt mir aus dieser empirischen Anschauung noch etwas übrig, nämlich Ausdehnung und Gestalt. Diese gehören zur reinen Anschauung, die a priori, auch ohne einen wirklichen Gegenstand der Sinne oder Empfindung, als eine bloße Form der Sinnlichkeit im Gemüte stattfindet" (Kritik: B 34f.). Der Raum repräsentiert als apriorische Kategorie allein die Form der äußeren Wahrnehmung und dient der Beiordnung der Erfahrung[42]. Anders formuliert wird Raum als Erkenntnisinstrument aufgefaßt, anhand dessen sich Gegenständlichkeit erst konstruieren läßt; oder mit Cassirer (1922: 687): „Ein Objekt der äußeren Erfahrung erkennen, heißt nichts anderes als es nach den Regeln der reinen räumlichen Synthesis aus den Sinneseindrücken gestalten, und es somit als räumlich erst hervorbringen."

---

[42] vgl. Kant (1988a)

[*Argumentation*] Als dem Verstand und der Wahrnehmung a priori gegebene reine Anschauungsform verteidigt Kant den Raum gegen die absolute und relationale Position mit vier metaphysischen Argumenten und einem transzendentalen[43], wobei sich die ersten beiden Argumente gegen den Empirismus richten, das dritte und vierte gegen den Rationalismus:

Argument1$_{KANT}$. „Der Raum ist kein empirischer Begriff, der von äußeren Erfahrungen abgezogen worden." (B 38). Die Vorstellung des Raumes kann nicht aus den Verhältnissen der äußeren Erscheinung durch Erfahrung erworben werden, denn diese äußere Erfahrung ist selbst nur durch gedachte Vorstellung möglich. Die Vorstellung des Raumes muß der Erfahrung notwendig schon zu Grunde liegen.

Argument2$_{KANT}$. „Der Raum ist eine notwendige Vorstellung, a priori, die allen äußeren Anschauungen zum Grunde liegt." (B 38). Raum ist Bedingung der Möglichkeit der Erscheinungen und nicht etwa eine von ihnen abhängige Bestimmung. Man kann sich einen Raum ohne Gegenstände darin, nicht aber Gegenstände ohne den Raum vorstellen.

Argument3$_{KANT}$. „Der Raum ist kein diskursiver, oder, wie man sagt, allgemeiner Begriff von Verhältnissen der Dinge überhaupt, sondern eine reine Anschauung." (B 39). Der Raum ist nicht teilbar. Zwar kann man von Teilräumen sprechen, jedoch sind diese immer in ihm gedacht und er nicht als Zusammensetzung jener. Er besitzt eine Wesenseinheit.

Argument4$_{KANT}$. „Der Raum wird als eine unendlich gegebene Größe vorgestellt." (B 39). Kein Begriff kann so gedacht werden, als ob er eine unendliche Menge von Vorstellungen in sich hielte. So wird aber der Raum gedacht, „denn alle Teile des Raumes ins Unendliche sind zugleich" (B 40). Daher ist der Raum Anschauung a priori und nicht Begriff.

---

[43] Zum Unterschied der Argumente: Metaphysische Argumente zeichnen sich dadurch aus, daß sie die apriorische Qualität eines Begriffs demonstrieren, transzendentale Argumente hingegen demonstrieren den Begriff als Prinzip, aus dem sich die Möglichkeit anderer synthetischer Erkenntnisse a priori einsehen läßt. Solche weiteren Erkenntnisse sind nur dann möglich, wenn die spezifische Erklärungsart des Begriffs gezeigt werden kann. (vgl. Kritik: B37ff.)

Argument5$_{\text{KANT}}$: Die Geometrie ist eine Wissenschaft, die die Eigenschaften des Raumes synthetisch und doch a priori bestimmt. Die Vorstellung des Raumes muß eine Anschauung sein, damit diese Erkenntnis möglich ist, denn aus bloßen Begriffen lassen sich keine Sätze schließen, die über den Begriff hinausgehen. Diese Anschauung muß zugleich a priori sein, denn empirische Anschauung ist im Gegensatz zur Geometrie nicht apodiktisch (widerspruchsfrei).

Die Negation absoluter und relationaler Raumauffassung pointiert Kant in seiner Schlußfolgerung: Raum ist keine Eigenschaft der Dinge, denn weder absolute noch relative Bestimmungen können vor dem Dasein der Dinge a priori angeschaut werden. Vielmehr ist er die Form der Erscheinung äußerer Sinne, „unter der allein äußere Anschauung möglich ist" (Kritik: B42). Welche ontologische Qualität kommt nun aber dem Raum zu? Auch hier trifft Kant keine einfache Zuordnung: „Wir behaupten also die empirische Realität des Raumes (in Ansehung aller möglichen äußeren Erfahrung), ob zwar die transzendentale Idealität desselben, d.i. daß er nichts sei, so bald wir die Bedingung der Möglichkeit aller Erfahrung weglassen, und ihn als etwas, was den Dingen an sich selbst zum Grunde liegt, annehmen"[44] (Kritik: B 44). Der Raum ist folglich nur insofern objektiv und empirisch real, als er die Möglichkeit der Erfahrung voraussetzt und ihr als Bedingung dient; und gerade aufgrund dieser Bedingung erlangt er transzendentale Idealität, d.h. er besitzt überempirische Bedeutung, ohne außerhalb des Empirischen zu existieren (CASSIRER 1922).

[*Diskussion*] Mit dem Beginn seiner kritischen Phase vollzieht Kant die Überwindung der mittelalterlichen oder „prämodernen" (WERLEN 1995C) Philosophie: Der Mensch bildet den Mittelpunkt des Weltbildes: Durch die kritische Analyse des menschlichen Erkenntnisvermögens rückt die Vernunft des Subjektes in den Mittelpunkt des Weltbildes. Kant befreit das erkennende Subjekt von der Geißel theologischer Mutmaßungen und vager äußerer Bestimmungen und Wirkkräfte. Der Metaphysik wird die Möglichkeit der willkürlichen Setzungen entzogen. Kant reflektiert den Gehalt der Metaphysik derart, daß ihr Problem und ihr Lösungsprinzip expliziert werden können: Die Frage nach der Möglichkeit synthetischer Urteile a priori konstituiert Metaphysik, die Frage nach dem „wie?" konstituiert die Transzendentalphilosophie. Angesichts des

---

[44] Hervorhebungen vom Verfasser

Axioms des Erkenntnisvermögens aus reiner Vernunft sind die Antworten vernunftbasiert, so daß im Gegensatz zu Gottes Willen erste, vom Menschen erkennbare Prinzipien, dem menschlichen Erkennen zugrunde gelegt werden.

Die Lösung des Raumproblems kann daher nicht für sich, sondern nur im Kontext des Erkenntnisproblems des 17. Jh. erörtert werden. Alle Naturforscher teilten die Einsicht, „daß das sinnlich Gegebene nicht hinreicht, um das Weltbild der reinen Naturwissenschaft aus sich hervorgehen zu lassen, sondern daß vielmehr in der Gestaltung dieses Weltbildes allgemeine und notwendige Formprinzipien mitwirken" (CASSIRER 1922: 702). Den Irrtum, aus der eingesehen Notwendigkeit des Raumes selbigen im Gegenstand zu reifizieren und somit zu hypostasieren, versucht Leibniz bereits den Substantialisten nachzuweisen. Noch für Leonhard Euler ist es untragbar, etwas als real anzunehmen, wenn es nicht zugleich gegenständlich ist. Kant demonstriert die Möglichkeit der Annahme realer Existenz - zugleich aber transzendentaler Idealität - des Raumes, ohne dem Fehler der Reifikation zu unterliegen.

Was aber leistet Raum als apriorische Kategorie der Wahrnehmung? Welche Leistungsfähigkeit besitzt Raum? Newton erkennt dem Raum explanatorischen Charakter zu, Leibniz eine als Ordnungsbegriff in Autonomie des Subjektes. Kant aber erklärt Raum zum Prinzip, das schlichtweg existiert und die Wahrnehmung vorbedingt. Raum ist weder Gegenstand noch Erkenntnisquelle. Als apriorische Kategorie spielt Raum weder eine Rolle im Geschehen der körperlichen Welt (denn die Bewegungsenergie liegt in der Masse der Körper) noch im Bewußtsein der Menschen (denn Raum geht dem Bewußtsein als Ordnungsmöglichkeit voraus).

Welche Instrumente liefert eine apriorische Raumauffassung jedoch an die Hand, wenn es darum geht, Raum im gesellschaftlichen Kontext zu thematisieren? Kant leistet eine transzendentale und metaphysische Erörterung des Raumes vor dem Hintergrund des physikalischen Raumproblems. Offensichtlich spielt Raum als Bedeutungskategorie und Attribut sozialen, kulturellen, wirtschaftlichen etc. Lebens eine wichtige Rolle, denn gerade auf dieser Einsicht gründet sich die Hervorbringung zahlreicher Raumkonzeptionen, von denen in den folgenden Kapiteln einige ausgewählte untersucht werden sollen. Wie also kann Raum für Belange des Gesellschaftlichen in angemessener Weise qualifiziert werden? Spielt er überhaupt eine Rolle? Nach der vorgestellten Betrachtung drängt sich die Frage auf: Ist Raum Gegenstand, Begriff oder Prinzip? Gibt es nicht weitere Bestimmungsformen von Raum? Diese Fragen werden uns in den folgenden Abschnitten begleiten.

2.5 Zusammenfassung

In der philosophischen Diskussion über den ontologischen Status von Raum lassen sich drei nahezu reine Positionen unterscheiden: eine absolute, eine relationale und eine epistemologische Raumauffassung.

Fig 2 Unterscheidende Axiome der philosophischen Raumkonzepte

Axiome[45]	Absoluter Raum	Relativer Raum	Epistemologischer Raum
Erkenntnisquelle	Reine Erfahrung	Reine Vernunft	Reine Vernunft im Kontext apriorischer Prinzipien
Ursache der Bewegung	Äußere Ursache	Innere Ursache	Innere Ursache
Notwendigkeit des Realen als Dingliches	Ja	Nein	Nein

Fig 2 faßt die kritischen axiomatischen Grundlagen der jeweiligen philosphischen Grundposition zusammen. Die folgend skizzierten Zusammenfassungen der diskutierten Raumauffassungen werden in Fig 3 einander gegenübergestellt.

---

[45] Toulmin, der in seiner *Kritik der kollektiven Vernunft* die gemeinsame axiomatische Grundlage des Weltbildes des 17. Jh. dekonstruiert, expliziert ferner drei Axiome, die Rationalismus, Empirismus und die kritische Philosophie Kants miteinander verbinden. Sie zielen stärker auf die Charakterisierung der erkenntnistheoretischen Position der Strömungen als auf deren konkrete Raumauffassungen ab: (1) Die Grundsätze der Natur wie auch der Erkenntnis liegen fest und sind unveränderbar; (2) Materie ist wesentlich passiv, Quelle autonom motivierter Tätigkeit ist das Bewußtsein, das von der Materie völlig verschieden ist; (3) Das geometrische Wissen ist umfassender Maßstab unveränderbarer Gewißheit, an dem alle Erkenntnisansprüche zu messen sind (vgl. TOULMIN 1983: 27f.).

Fig 3 Kurzcharakteristik der philosophischen Raumauffassungen

Raumauffasung	Absoluter Raum	Relativer Raum	Epistemologischer Raum
	Raum ist gegenständlich und Vehikel der Bewegungsenergie. In seiner Realexistenz ist er unendlich, homogen und isotrop. Der Raum determiniert die Körper aufgrund ihrer Lage und ihrer Bewegungsrichtung.	Raum ist immateriell und nicht Ursache von Bewegung. Er ist Verstandesbegriff, der die Körper beieinanderordnet. Der Raum sagt nichts über die Dinge selbst aus. Raum ist ideale Konstruktion.	Raum ist reine Anschauungsform und der Erkenntniskraft als apriorische Kategorie ge-geben. Raum sagt als reine Form der Ordnung der Dinge nichts über die Dinge selbst aus. Raum hat empirische Realität, zugleich aber transzendentale Idealität.

Die absolute Raumauffassung kennzeichnet Raum als Gegenstand, dessen dinglich notwendige Existenz aus dem Postulat der Äußerlichkeit der Bewegung geschlossen wird. Sowohl Aristoteles als auch Newton betrachten die Körper als äußerlich bewegt und attribuieren diese ursächliche Wirkkraft auf den Raum.

Die relationale Raumauffassung charakterisiert Raum als Begriff. Die Unmöglichkeit einer äußeren Ursache der Bewegung leitet den Gedanken, daß Raum keine absolute und gegenständliche Größe sein kann. Statt dessen wird die Seinsqualität von Raum in ihrer Verstandesleistung vermutet. Raum dient als subjektiver Verstandesakt der Beiordnung des Körperlichen und weist als solcher keine reale oder transzendentale Existenz auf.

Die epistemologische Raumauffassung begreift Raum als Prinzip. Als apriorische Kategorie bedingt sie die Wahrnehmung und dient ihr zugleich als Form, in der sich die Wahrnehmungsinhalte einander beiordnen lassen. Das Konzept der Kopräsenz, des Beisammenseins, das in der relationalen Auffassung noch unkritisch vorausgesetzt wird, fordert die epistemische Auffassung als der Erkenntnismöglichkeit vorgeschaltet und dieser konstitutiv. Daher kann Raum nicht mehr als Begriff verstanden werden.

Hinsichtlich der in Kapitel 1 entwickelten Leitkriterien lassen sich die drei Positionen wie folgt qualifizieren (*Fig 4*):

Fig 4   Die philosophischen Raumkonzepte und die Leitkriterien

Leitkriterien	Absoluter Raum	Relativer Raum	Epistemologischer Raum
(1) ontologischer Status	Gegenstand	Begriff	Prinzip
(2) Kausalfunktion	Explanans	Nein	Nein
(3) Status im Forschungsdesign	Erkenntnisobjekt	Erkenntnisinstrument	Keinen (Propädeutisch)
(4) räumliche Semantik	Ja	Möglich	nein

3 Absoluter Raum und Raumforschung

Wie kann Raum für geographische Forschung substantialistisch gedacht und konzeptionell formuliert werden? Welche formalen und inhaltlichen Konsequenzen impliziert eine absolute Konzeptionsweise von Raum im disziplinären Kontext der Geographie? Welche Argumente stehen dem absoluten Raum in der Geographie entgegen?

[**Vorbemerkung**] Die raumwissenschaftliche Anthropogeographie beruht auf einer substantialistischen Grundkonzeption des Raumes. Das Programm ist sowohl in der angelsächsischen wie in der deutschsprachigen Geographie umfassend diskutiert und kritisiert worden. Daher ist es hier nicht erforderlich, eine ausführliche Darstellung der *spatial science* vorzulegen. Statt dessen seien die zentralen Positionen und Konstruktionen rekapituliert, um die forschungslogischen Konsequenzen für eine sozialwissenschaftlich motivierte Geographie transparent machen zu können. Die Darstellung greift im wesentlichen auf die Bartels'sche Grundlegung raumwissenschaftlicher Anthropogeographie zurück. Abschließend werden einige Argumente gegen das substantialistische Denken vom Raum entwickelt.

[**Ausgangsposition**] Die quantitative Revolution hat als methodische Revolution viele Sozialwissenschaften seit den 1950er Jahren nachhaltig beeinflußt. Ende der 60er Jahre legt Dietrich Bartels mit seiner Arbeit *Zur wissenschaftstheoretischen Grundlegung einer Geographie des Menschen* (1968) einen Versuch vor, die Geographie als wissenschaftliche Disziplin auf einem eigenständigen, konstitutiven Forschungsgegenstand zu begründen: dem Raum. Die Argumentation des raumwissenschaftlichen Programms resultiert an vielen Stellen aus einer Dialektik zur traditionellen, länderkundlichen Geographie. Diese wurde im wesentlichen als (1) wissenschaftstheoretisch unbegründet, (2) ideographisch-deskriptiv, (3) holistisch und (4) reifikatorisch charakterisiert. Während die traditionelle Länderkunde real existente, natürliche Totalregionen zu gliedern und zu beschreiben versuchte und dabei implizit von einem absoluten Raum ausging, muß der raumwissenschaftliche Entwurf als Versuch gedeutet werden, eine wissenschaftstheoretisch reflektierte Geographie zu betreiben, die nicht den Fallen einer Ontologisierung von Regionen, d.h. deren Annahme als natürlich gegeben und natürlich von anderen unterschieden, unterliegt. Diese Einsicht eines naiven und untheoretischen Raumfetischismus formuliert

Sedlacek zusammenfassend: „Der Traum von der Allzweckregion, die den Totalcharakter wiedergibt, hat sich als Illusion herausgestellt." (SEDLACEK 1978: 14)

[*Forschungsprogramm*] Wenngleich sich die raumwissenschaftliche Geographie in vielen Punkten von der Länderkunde distanziert, so verbleibt doch eine Gemeinsamkeit: die Begründung des Faches Geographie als chorologische Wissenschaft des Raumes[46]. Den Gegenstand der Geographie im Kontext der Sozialwissenschaften formuliert Bartels folgendermaßen:

> „Die Aufgabe des Faches ist die Erfassung und Erklärung erdoberflächlicher Verbreitungs- und Verknüpfungsmuster im Bereich menschlicher Handlungen und ihrer Motivationskreise (...)." (BARTELS 1970: 33)[47]

Mit der Formulierung dieses Erkenntnisinteresses legt Bartels die Geographie als Raumwissenschaft fest und entwickelt diesbezüglich ein dreifach gestuftes Forschungsprogramm[48].

Die erdräumliche Lokalisation ist das erste grundlegende Verfahren der Lagebestimmungen von Sachverhalten bzw. ihren Merkmalen. Bartels erklärt diesen Prozeß der choristischen Festlegung von Tatbeständen als die erste Aufgabe geographischer Wissenschaft[49].

Auf der zweiten Stufe werden Theorien über den Zusammenhang zwischen verschiedenen Sachverhalten angestrebt. Dabei sind das räumliche Koinzi-

---

[46] vgl. Bahrenberg (1987: 225)
[47] In seiner Auffassung von Theoretischer Geographie abstrahiert z.B. Bunge als Vertreter der angelsächsischen spatial science noch radikaler und erklärt die räumlichen Beziehungen zum Gegenstand geographischer Forschung, ohne auf den Kontext der Beziehungsträger - Objekte oder menschliche Subjekte - zu verweisen: „My version of Theoretical Geography (...) has to do with Schaefer's „spatial relations" not with the nonspatial properties of the objects." (Bunge 1973: 325f.) Konsequenterweise fordert Bunge in der disziplinpolitischen Frage der Einheit des Faches deren Erhaltung, während sie Bartels in Deutschland aufzugeben versucht. Die Konzentration auf die räumlich-geometrische Form der Dinge impliziert forschungslogisch eine Blindheit gegenüber den Objektbereichen.
[48] Für übersichtliche Darstellungen der drei Forschungsebenen siehe Bahrenberg (1972) und (1987), Bartels (1970), Werlen (1988) und (1995b)
[49] vgl. Bartels (1970: 15)

denzprinzip⁵⁰, vor allem aber das Deckungsprinzip maßgeblich: Das Deckungsprinzip beinhaltet die Überdeckung von Arealen (kontingente Raumeinheit gleicher Merkmalsausprägung) oder Feldern (kontingente Raumeinheit gleichförmig abgewandelter Merkmalsausprägungen), so daß sich - modellhaft - eine räumliche Identität dieser Areale/Felder einstellt. Solche aus dem Deckungsprinzip entspringenden kontingenten Raumeinheiten heißen Regionen. Sie werden über Regionaliserungsverfahren gewonnen, in denen nachvollziehbare problemspezifische Kriterien zur Anwendung kommen. Regionen sind dann, wie oben angeführt, nicht natürliche Erscheinungsformen in genau diesen Grenzen, sondern analytische Konstrukte, die vor dem Hintergrund interessierender Sachverhalte gewählt werden⁵¹. Die choristische Arbeitsweise ist zwar in der Feststellung von Verbreitungsgebieten verschiedener Sachverhalte heuristisch fruchtbar, jedoch genügt sie nicht zur Erklärung dieser Zusammenhänge⁵².

Schließlich hat die chorologische Modell- und Theoriebildung zum Ziel, menschliche Interaktionen aus ihrer erdräumlichen Distanzabhängigkeit zu erklären. Diese höchste Stufe geographischen Forschens ist angeleitet von dem Erkenntnisziel, Beziehungssysteme zwischen räumlichen Anordnungen von Sachverhalten auf der Erdoberfläche und der Art der zwischen ihnen bestehenden funktionalen Verknüpfungen zu erlangen⁵³. Die Sachverhalte als solche stehen damit außerhalb der Betrachtungsperspektive. Die Distanz wird somit zum zentralen Explanans erklärt:

„Ausgangspunkt wirtschafts- und sozialgeographischer Forschungsprobleme ist die Feststellung, daß menschliches Verhalten mehr oder weni-

---

[50] es bezeichnet die räumliche Nähe oder Ferne zweier Sachverhalte zueinander und somit ihre räumliche Lagebeziehung.

[51] Sedlacek kennzeichnet den Unterschied der choristischen Methode der Regionalisierung zu der der traditionellen Länderkunde in den Mechanismen der Ontologisierung und Reifikation: Ontologisierung „negiert Regionalisierung als wissenschaftlichen Entscheidungsprozeß und Regionen als theoretische Konstrukte und Modell der Erfahrungswirklichkeit. Vielmehr werden hier Regionen als real existente Gegebenheiten eines wohlgeordneten Kosmos (miß-)verstanden, die zumindest potentiell unstrittig identifizierbar seien. Im zweiten Falle [Reifikation] wird nachher der getätigte Konstruktionsvorgang vergessen und die definierte Region a posteriori ontologisiert." (Sedlacek 1978: 13)

[52] Bahrenberg (1972: 10)

[53] Bahrenberg (1972: 13)

ger von Distanzen auf der Erdoberfläche beeinflußt wird, daß wir mithin nicht in einer raumlosen Wirtschaft leben, sondern daß jede Beziehung (Interaktion) zwischen den Standorten einer räumlich organisierten Gesellschaft belastet ist mit verschieden faßbaren Kosten (Geld, Zeit, Mühe) der Distanzüberwindung, die sich u.U. direkt in Metern und Kilometern indikatorisch spiegeln." (BARTELS 1980: 44)

[*Raumtheorien*] Es ist diese chorologische Theoriebildung, an die Bartels denkt, wenn er von ³*geographischer* Theorie spricht. Sie bildet eine eigene Klasse gegenüber Sachtheorien, oder mit Bartels: „koinzident-örtlichen Theorien", und begründet eine interdisziplinäre „sozialwissenschaftliche Regionalforschung" (BARTELS 1968:172). Das Postulat der Erklärung erdräumlicher Verteilungs- und Verbreitungsmuster von Sachverhalten versucht Bartels für viele Fragestellungen der Sozialwissenschaften anzuwenden. Zur Veranschaulichung des Prinzips ³geographischer Theoriebildung sei an dieser Stelle beispielhaft auf die Modellierung von Wanderungen in der Form von Interaktionsmodellen verwiesen[54]. Zur Erklärung interurbaner Wanderungsprozesse haben Geographen Anleihen aus unterschiedlichen Bereichen der Naturwissenschaften genommen und Analogiemodelle zu dem elektrischen Strom, der Thermo- und Hydrodynamik oder dem Gravitationsgesetz abgeleitet[55]. Verschiedene empirische Anpassungen von Gravitationsgesetzen der Form

$$M_{ij} = P_i P_j (d_{ij})^k$$

(mit M_{ij} als Interaktion (Wanderungen) zwischen zwei Siedlungen i und j, P_i und P_j als den Massen der Siedlungen (z.B. Einwohnerzahl), d_{ij} als Maß der Distanz zwischen den beiden Siedlungen sowie k als empirische Konstante)[56] modellieren in der Tat empirische Wanderungsdaten zwischen bestimmten Zentren. Allerdings hat sich die Variabilität der erklärten Varianz von Fall zu Fall als sehr hoch erwiesen, d.h. der Anteil erklärter Varianz solcher Modelle fällt bisweilen sehr hoch, bisweilen sehr niedrig aus. Ad hoc lassen sich schnell Ursachen für diese Variabilität finden: (1) Soziale Prozesse sind nicht deterministisch und lassen sich daher nicht vollständig durch physikalische Analogie-

---

[54] Für Bartels repräsentieren Theorien der Wanderungen ein Paradebeispiel ³geographischer Theoriebildung, vgl. Bartels (1968: 175)

[55] Für eine vergleichende Darstellung, Diskussion und beispielhafte Anwendung solcher Analogiemodelle auf Verfahren der Marktgebietsabgrenzung im Einzelhandel siehe Löffler (1987: 197-204)

[56] vgl. die Ausführungen zu Interaktionsmodellen in Haggett (1973: 45f.)

modelle repräsentieren[57], (2) die Modellannahmen sind zu restriktiv, d.h. bei nur zwei Parametern (Einwohnerzahl und Entfernung) werden alle denkbaren und undenkbaren weiteren Bedingungen ignoriert, (3) Analogiemodelle erklären gar nichts, da sie den sozialen Prozeß nur modellieren und nicht theoretisch erklären. Diese Erklärungen lassen das Sakrileg der Distanzabhängigkeit jedoch unangetastet. Eine wesentlich radikalere Erklärung für die Variabilität solcher Distanz-Relationen-Modelle leistet Hard, in dem er jegliche ontologische Kovariation von sozialen Interaktionen und Motivstrukturen mit dem physikalischen Raum bzw. erdräumlicher Distanzen negiert:

> „Selbstverständlich kann Physisch-Materielles etwas Soziales bedeuten, aber es kann u.U. auch nichts Soziales bedeuten, und es bedeutet je nach sozialem Kontext je etwas ganz anderes. Die beiden Möglichkeitsbereiche variieren unabhängig voneinander; es gibt da keine systematische Korrelation." Und bezüglich der Distanz: „Kilometrische Angaben oder Distanzen erklären nicht nur nichts Soziales; metrische Distanzen (und überhaupt „räumliche Strukturen") einerseits, soziale Phänomene andererseits sind nicht systematisch korreliert, und wo sie es einmal zu sein scheinen, da handelt es sich um triviale und/oder sozialwissenschaftlich uninteressante Grenz- und Sonderfälle." (HARD 1993: 62 und 66)

[*Diskussion*] Bartels Programm einer raumwissenschaftlichen Geographie kann hinsichtlich zweier Dimensionen diskutiert werden: (1) Vor dem Anspruch der Bestimmung eines eigenen Forschungsgegenstandes der Geographie durch das Distanzkriterium und (2) vor dem Raumverständnis zur Erklärung sozialer Tatsachen.

Zu (1): Bartels Bemühen konzentriert sich auf die Begründung eines eigenen Forschungsgegenstandes der Geographie durch die Betrachtung sozialer Tatsachen über den Raum, genauer über das Kriterium der Distanzabhängigkeit[58]. Es dient quasi als Selektionskriterium zur Auswahl der geographisch relevanten Forschungsfragen. Bahrenberg erkennt diese Argumentation jedoch in mehrerer Hinsicht als problematisch an, denn (1) ist die Distanzabhängigkeit empirischer Ereignisse erst ex post festzustellen (als Selektionskriterium müßte es aber ex ante identifizierbar sein), (2) ist die Feststellbarkeit von Di-

---

[57] vgl. Löffler (1987: 197)
[58] vgl. Bartels (1982: 44)

stanzabhängigkeit in hohem Maße abhängig von entsprechenden Methoden und (3) wird über die Distanzabhängigkeit hauptsächlich theoretisch - und damit „geographieextern" - befunden, einfach deshalb, weil die Distanz an sich inhaltsleer ist[59]. Dies hängt damit zusammen, daß Entfernung, ebenso wie andere Skalendimensionen wie Masse oder Temperatur sozial unterdeterminiert sind, d.h. ohne eine inhaltliche Theorie über die soziale Relevanz von Distanz kann eine Theorie der Distanz keine zutreffenden Aussagen liefern. Daher schlußfolgert Bahrenberg:

> „Eine chorologische Humangeographie bliebe jedenfalls immer darauf angewiesen, was die übrigen Sozialwissenschaften ihr an distanzabhängigen Sachverhalten liefern. Eine eigenständige Entwicklung, womöglich eine theorieorientierte, wäre ihr verschlossen. Sie müßte sich vielmehr extern vorgeben lassen, was geographisch relevante Sachverhalte sind."
> (BAHRENBERG 1987: 234)

Zu (2): Bartels behält trotz einer wissenschaftstheoretischen Restrukturierung der Geographie die raumzentrierte Perspektive bei. Raum bzw. seine Operante Distanz werden wiederum als Kausalkraft variablen Einflusses auf menschliche Aktivitäten reifiziert. Dabei ist die Anlage des Programms zirkulär: „Räumliche Verteilungen sind durch räumliche Verhältnisse, räumliche Strukturen durch räumliche Prozesse und letztlich der Raum durch den Raum 'zu erklären'". (WERLEN 1997: 50) Aus einer sozialwissenschaftlich motivierten Perspektive, die Bartels durchaus einnehmen wollte, kann die erdräumliche Erfassung sozialer Tatbestände und das Operieren mit physischen Prozessen nur als reduktionistisch qualifiziert werden, denn die sozial-kulturelle Dimension wie überhaupt jede Eigenschaftsdimension betrachteter Objektbereiche werden vernachlässigt. Erinnert sei an die Anmerkung Bunges, daß eine theoretische Geographie nicht die nichträumlichen Eigenschaften der Dinge, sondern ihre räumlichen Beziehungen interessieren. Zwar bewältigt die raumwissenschaftliche Konzeption die Hypostasierungsfalle des Regionskonzeptes und erklärt die Regionalisierung zu einem analytischen Konstruktionsmechanismus der Klassifizierung, jedoch wird systematisch Raum in der Gestalt räumlicher Lagebeziehungen als Explanans behauptet. So urteilt Werlen abschließend differenziert:

---

[59] Bahrenberg (1987: 233f.)

„Man kann sagen, daß die raumwissenschaftlich-quantitative Geographie einer halbierten Modernisierung gleichkommt: Begrenzungs- und Definitionsverfahren sind wohl modernisiert worden, doch man ist bei einem prämodernen Raumverständnis und einer prä-modernen Sichtweise des Raum-Gesellschaftverhältnisses stehengeblieben. In der raumwissenschaftlichen Geographie wird ein Verfahrensmodernismus mit einer Ontologie der Prä-Moderne kombiniert". (WERLEN 1997: 61)

Die Kritik an der raumwissenschaftlichen Geographie bzw. der spatial science ist seit Beginn der 1980er Jahre unter den Begriffen Theorielosigkeit, Geodeterminismus und Raumfetischismus sowohl in der angelsächsischen als auch in der deutschsprachigen Geographie vehement und ausführlich geübt worden. Dennoch scheint die einflußreiche, weil methodisch differenzierte und didaktisch und planerisch leicht umsetzbare Konzeption geodeterministischen Denkens, eine anhaltende Persistenz im Denken der Geographen zurückzulassen. Kürzlich hat Bahrenberg aus den Bereichen der Verkehrspolitik und Verkehrsplanung eine sehr transparente Dekonstruktion raumlastigen Denkens vorgelegt, deren Argumentation hier zur Veranschaulichung der Problematik ausgeführt sei. Sie liefert ein Argument gegen die unzulässige Argumentationsweise mit dem Raum als Explanans.

[*Die Schuld des Raumes ...*] Vor dem Hintergrund verkehrspolitischer Handlungsmöglichkeiten steht es zur Debatte, einen Ausweg aus dem Umstand langer und immer längerer Verkehrswege sowie großen und stets wachsenden Verkehrsaufkommens zu finden. Es stellt sich die Frage nach den Ursachen, um Lösungswege zu identifizieren: „Auf der Suche danach kommt man leicht auf den „Raum" bzw. die „Siedlungsstruktur" (...): Die Standorte unserer Aktivitäten sind mittlerweile so weit voneinander entfernt, daß wir nicht nur „freiwillig" Auto fahren, sondern zum Autofahren gezwungen sind." (BAHRENBERG 1997: 347) Raum, Distanz oder räumliche Verteilungsstruktur - wie auch immer - es ist der Raum, der hier als Explanans herangezogen wird. Konsequenterweise werden aus verkehrspolitischer Sicht die entsprechenden Lösungswege angeboten: (1) Eine neue Stadtentwicklunspolitik, (2) eine verkehrsintegrierende Raumplanung, (3) eine Verzahnung der Fachplanungen mit (4) dem Ziel einer strukturellen Verkehrsvermeidung[60] etc.

---

[60] Diese Lösungsansätze zitiert Bahrenberg aus Weinzierl, H. (1995): Wir brauchten fünf Planeten Erde. - Frankfurter Rundschau, Nr. 218, S. 6; Kutter, E. (1993): Eine Rettung

Diese Argumentation ist jedoch nicht logisch, denn sie wendet unzulässigerweise die Implikationsbeziehung A → B in ihre Negation ¬ A → ¬ B[61]. In diesem Falle stellt die Argumentation eine Verletzung des Modus tollens, einer Schlußregel des deduktiven Schließens dar (vgl. *Fig. 5*). Betrachten wir die Argumentation formal:

„Die Verlängerung der Wege zwischen den verschiedenen Aktivitätenstandorten (A) macht die Benutzung des Pkw notwendig und bedingt einen höheren Pkw-Anteil (B). Darum müssen die Wege kürzer werden (nicht A), um den Pkw-Anteil im städtischen Personenverkehr zu reduzieren (nicht B)." (BAHRENBERG 1997: 350)

Fig 5 Deduktives Schließen: Modus tollens

a) *richtig*	Wenn A, dann B	A → B	
	Es gilt: Nicht-B	¬ B	
	Daraus folgt: Nicht-A	¬ A	
b) *falsch*	Wenn A, dann B	A → B	
	Es gilt: Nicht-A	¬ A	
	Daraus folgt: Nicht-B	¬B	

„Die Logik, nach der aus „wenn A, so B" im Umkehrschluß „wenn nicht A, so nicht B" folgt, muß erst noch erfunden werden." (BAHRENBERG 1997: 350). Der Umkehrschluß (in *Fig 5*, siehe b) ist daher nicht richtig, weil das Verkehrsaufkommen (B) nicht ausschließlich durch lange Wege (A) verursacht sein muß. Andere Faktoren können ebenfalls ein hohes Verkehrsaufkommen verursachen. Hingegen ist die richtige Anwendung des Modus tollens (*Fig 5*, a) plausi-

---

des Lebensraumes Stadt ist nur mit verkehrsintegrierender Raumplanung möglich. - In: Informationen zur Raumentwicklung, H.5/6; Würdemann, G. (1993): Stadt-Umland-Verkehr ohne Grenzen. Wo muß Verkehrsvermeidung als eine neue Planungsdimension ansetzen? - In: Informationen zur Raumentwicklung, H.5/6, S. 271f.

[61] Die Notationen: „→" = „impliziert" bzw. „wenn, ... dann"; „¬ X" = „Nicht-X", d.h. Negation der Aussage X. Zu Fig. 3 und den Ausführungen vgl. Zoglauer (1997: 59f.)

bel: Eine Verringerung der Pkw-Benutzung führt zwangsweise zu einer Stadt der kurzen Wege[62].

Die Prüfung auf die logische Konsistenz der raumstrukturellen Argumentation reicht jedoch nicht hin, um Raum als Explanans auszuschalten, denn die Schlußweise erweist sich nur deshalb als falsch, weil formal andere Ursachen neben der des Raumes in Betracht kommen. Nun ist es aber auch außerhalb des Zuständigkeitsbereiches der Logik, über empirische Ursachen zu entscheiden. Sie prüft nur, ob eine Argumentationsweise - unabhängig von der Adäquanz ihrer Prämissen - folgerichtig ist. Und dies ist sie in diesem Falle keineswegs. Ein Raumfetischist wird also zugestehen müssen, falsch argumentiert zu haben. Seine Explanansbehauptung des Raumes kann jedoch nur auf theoretischem oder empirischem Wege widerlegt werden. Bahrenberg tritt eine solche Widerlegung nicht an, sondern diskutiert alternativ das zeitrationale Kalkül der Verkehrsteilnehmer als hauptsächlichen Ursachenfaktor der Verkehrsmittelwahl. Daneben benennt er Faktoren wie Sicherheit, Bequemlichkeit, Komfort, Schutz vor Witterungseinflüssen, Beweglichkeit, Umweltverträglichkeit, körperlicher Trainingseffekt und den symbolischen Wert des Verkehrsmittels[63].

Ein zweites Argument sei hier entwickelt, um mittels eines Gedankenexperimentes auf empirischem Wege eine Widerlegung der Explanansbehauptung zu leisten.

[*Exkurs: Experimentelles Paradigma wider den Zeit-Essentialismus*] Es sei eine Analogie zwischen Raum und Zeit angenommen, um einen (hypothetischen) Zeit-Essentialismus zu diskutieren. Er repräsentiert gewissermaßen das gedankliche Pendant zum Raumfetischismus. Ausgehend von einem klassischen sozialpsychologischen Experiment zum scheinbaren Einfluß von Zeit auf die Urteilsbildung soll auf dem Wege methodisch-experimenteller Argumentation die Kausalitätsbehauptung von Zeit gegen einen hartnäckigen (hypothetischen) Zeit-Essentialisten verworfen werden. Der Vorteil des Exkurses in die Psychologie liegt vor allem darin, nicht auf metaphysische und ontologi-

---

[62] Bahrenberg (1997: 350). Dieser Schluß impliziert die Benutzung des Pkw als Platzhalter für alle Formen motorisierten Individualverkehrs. Gemeint ist also nicht, daß die sinkende Benutzung des Autos zu einer steigenden des Motorrades führt.

[63] Bahrenberg (1997: 352)

sche Postulate zu rekurrieren, sondern im Rahmen eines experimentellen Paradigmas die empirische Irrelevanz eines zeitlichen Explanans zu demonstrieren.

In der Sozialpsychologie untersuchten Miller/Campbell Einflußgrößen auf die Persuasion. Vor dem Hintergrund des Wissens um die Macht des ersten Eindrucks im Alltagsleben vermuteten sie einen Unterschied in der Urteilsbildung in Abhängigkeit von der Zeit. In einem Experiment boten sie einer Reihe zufällig ausgewählter Studenten die Positionen zweier Streitparteien einer Zivilverhandlung in verdichteter Form dar, um die Entscheidung der Probanden für eine der beiden Meinungen nach einer Woche zu vergleichen. In einer Bedingung Con_1 erhielten die Studenten beide Positionen gemeinsam und urteilten eine Woche später. In einer Bedingung Con_2 erhielten die Studenten zum ersten Datum nur eine Position, die zweite wurde ihnen erst vor der Abgabe ihres Urteils eine Woche später dargeboten. Im Ergebnis stellte sich heraus, daß in Con_1 die meisten Studenten die ihnen zuerst präsentierte Meinung #1 vertraten, in Con_2 stimmte die Mehrheit der Probanden für die zuletzt dargebotene Meinung #2 (*Fig. 6*). In Con_1 stellte sich der sogenannte Primacy-Effekt, in Con_2 der Recency-Effekt ein.

Fig 6 Experimentdesign zum Test von Primacy vs. Recency

Primacy-Effekt	Meinung #1	Meinung #2	Zeit	Antwort: Adoption von Meinung #1
Recency-Effekt	Meinung #1	Zeit	Meinung #2	Antwort: Adoption von Meinung #2

Quelle: nach Miller/Campbell (1959)

Als Erklärungsgröße kommt aufgrund der experimentellen Isolation einer einzigen Variable bei sonst konstanten Bedingungen nur die Zeit in Frage. Wenn sich also die Signifikanz des Unterschiedes in der Urteilsbildung aufgrund des experimentellen Paradigmas nicht auf andere Einflüsse zurückführen läßt, wird der Zeit-Fetischist folgern, dann kann der empirische Nachweis für die Kausalkraft der Zeit als bewiesen angenommen werden. Ganz anders jedoch die Autoren: Sie erklären das Vergessen zum Explanans: „Apparently the first block of arguments, being a week old, had largely faded from memory. Forgetting creates the recency effect (1) when enough time separates the two messages and (2) when the audience commits itself soon after the second message. When the two messages are back to back, followed by a time gap, a primacy effect usually occurs." (MYERS 1996: 287) Andere Experimente verstärken diese Erklärung dadurch, daß z.B. der Primacy-Effekt um so deutlicher ausfällt, je stärker die erste Information das Denken stimuliert[64].

Dennoch wird der Zeit-Fetischist einwenden, daß die konkurrierenden Ursachen - Erinnerung und Zeit - nicht experimentell isoliert wurden und quasi kovariierten: Das Vergessen verlaufe proportional zur der Zeit. Ein neues Versuchsdesign muß daher konstruiert werden, um beide Variablen experimentell zu trennen. Sozialpsychologen haben in anderen Bereichen psychologischer Forschung Testpersonen über Einflußgrößen bestimmter Verhaltensreaktionen aufgeklärt, um in darauffolgenden Experimenten den Einfluß des Wissens um den Einfluß auf die ursprünglich prognostizierten Verhaltenseffekte zu prüfen. Tatsächlich modifizierte das Wissen um den dominanten Verhaltenseffekt und seine Ursachen die nun gezeigten Verhaltensreaktionen signifikant[65]. Das Wissen - nicht die Zeit an sich - müßte als Ursache einzufordern sein.

Ein hypothetisches Experiment für den Primacy/Recency-Effekt könnte dementsprechend so aussehen, daß in beiden Bedingungen die Probanden über das Vergessensrisiko und frühere Resultate in der Urteilsbildung anderer Probandengruppen aufgeklärt und erst dann diesen gleichen Bedingungen erneut ausgesetzt werden. Die konkurrierenden Einflußvariablen, Zeit und Erinnerungsmechanismus wären folglich auch experimentell getrennt, es würde nur noch der Effekt der als kausal beanspruchten Zeit wirksam. Jedoch würde der zuvor beschriebene Effekt wahrscheinlich nicht mehr meßbar werden. Ich be-

---

[64] Haugtvedt, C.P. & Wegener, D.T. (1994): Message order effects in persuasion: An attitude strength perspective. - In: Journal of Consumer Research 21, S. 205-218, nach Myers (1996)

[65] vgl. Gergen (1982): Towards transformation in social knowledge. - New York, nach Myers (1996), S. 563f. Myers zitiert Experimente, in denen sich durch Aufklärung über die Hemmgröße des Bystander-Effektes (die Tendenz, bei Anwesenheit von zunehmend mehr Personen weniger hilfsbereit zu sein) das Hilfeverhalten signifikant erhöhte.

haupte, daß damit die Annahme, die Zeit habe einen Einfluß auf die Persuasion, empirisch allenfalls als heuristisch anzusehen ist, auch wenn der Beweis an dieser Stelle nur gedankenexperimentell angetreten sei. In Anlehnung an Werlen (1995) kann sie auch als „Kürzel" angesprochen werden, denn methodologisch kommt ihr weder eine (absolut) reale noch eine kausale Funktion zu. Zurück zur Analogie zwischen Raum und Zeit: Unabhängig von dem hier vorgestellten Gedankenexperiment argumentiert Simmel treffend in die gleiche Richtung:

> „Es gehört zu den häufigsten Ausartungen des menschlichen Kausaltriebs, formale Bedingungen, ohne die bestimmte Ereignisse nicht stattfinden können, für positive, produktive Ursachen derselben zu halten. Das typische Beispiel ist die Macht der Zeit - eine Redensart, die uns unzähligemal darum betrügt, den wirklichen Gründen von Milderungen oder Erkaltungen der Gesinnung, von seelischen Heilprozessen oder fest gewordenen Gewohnheiten nachzuforschen. Mit der Bedeutung des Raumes wird es sich vielfach nicht anders verhalten. Wenn eine ästhetische Theorie es für die wesentliche Aufgabe der bildenden Kunst erklärt, uns den Raum fühlbar zu machen, so verkennt sie, daß unser Interesse nur den besonderen Gestaltungen der Dinge gilt, nicht aber dem allgemeinen Raum oder Räumlichkeit, die nur die condition sine qua non jener, aber weder ihr spezielles Wesen noch ihren erzeugenden Faktor ausmachen."
> (SIMMEL 1992: 687)

4 Relativer Raum und Sozialforschung

Wie kann Raum relational konzipiert und einer Sozialforschung zugrunde gelegt werden? Welche formalen und inhaltlichen Konsequenzen sind an eine relationale Raumkonzeption im Kontext geographischer Forschungsinteressen gebunden?

[*Vorbemerkung*] In der deutschsprachigen Geographie sind in den letzten Jahren zumindest zwei nicht-essentialistische Raumkonzeptionen formuliert worden: Raum als Element sozialer Kommunikation von Helmut Klüter und Sozialgeographie alltäglicher Regionalisierungen von Benno Werlen. Für die Zwecke einer formalen und forschungslogischen Bestimmung zentraler Prädikate eines relationalen Raumkonzeptes genüge in diesem Rahmen die Diskussion einer der beiden Ansätze. Aufgrund einer umfassenden raumontologischen Diskussion und sehr konsequenter und transparenter Herleitung sei auf die Argumentation von Benno Werlen rekurriert. Sein Ansatz sei auf die Fragen hin untersucht, wie ein relationaler Raumbegriff zu formulieren ist und welchen Stellenwert er in einem Forschungsprogramm und in Erklärungsformen einnehmen kann.

[*Ausgangsposition*] Benno Werlen unternimmt eine sehr ausführliche und kritische Analyse grundsätzlicher Konzeptionsweisen von Raum. Das Kapitel 2 ist in Anlehnung an seine Raumontologie von 1995 entwickelt worden. Die Begrifflichkeiten können daher direkt weiter verwendet werden, um sich dem Konstruktionsversuch einer Sozialgeographie alltäglicher Regionalisierungen zuzuwenden. Ebenso ausführlich entwickelt Werlen im gleichen Band eine Sozialontologie spätmoderner Gesellschaften, die er handlungs- und strukturationstheoretisch informiert. Ausgangspunkt seines Abstimmungsversuches von Sozial- und Raumontologie bildet damit gleichsam vereinfacht eine mikrosoziologische Perspektive, in der das handelnde Subjekt als kompetenter, intentionaler und lernender Akteur zwischen unerkannten Handlungsbedingungen und unbeabsichtigten Handlungsfolgen mit seinen sozialen Mit- und Umwelten interagiert[66]. Seine Ansprüche sind in etwa die gleichen, die in der Einleitung

---

[66] Etwas tiefgreifender wird die strukturationstische Konzeption der Giddensschen Sozialtheorie in Kapitel 6.2.1 ausgeführt.

formuliert wurden: In einer modernen Weltanschauung steht das handelnde Individuum im Mittelpunkt anstelle irgendeiner Metaphysik oder Theologie. Über das Subjekt wird aus sozialtheoretischer Perspektive das Erklärungspotential sozialer Tatsachen begründet. Diese Position lehnt im Vergleich zu makrosoziologischen Sozialtheorien Fremdbestimmung und Determination des Handelns aus Kalkülen teleologisch oder funktional begründeter sozialer Systeme oder Strukturen ebenso ab, wie Werlen gegenüber dem Raum jegliche Substantialität und Kausalität abstreitet. Auf der Suche nach einer angemessenen Raumkonzeption prüft er die Argumente der Kant'schen Lösung der Raumfrage folgendermaßen.

[*Argumentation*] Nach Kant dient Raum als Möglichkeit zur gedanklichen Repräsentation der ausgedehnten Dinge in der physischen Welt. Daraus ergibt sich die Frage, ob Raum auch im Handlungskontext als a priori akzeptabel ist. Werlen fragt: „Wie ist dies mit der Tatsache zu vereinbaren, daß in verschiedenen Kulturen, ja sogar in unterschiedlichen Alltagskontexten, zur Orientierung in der physischen Welt verschiedene Raumkonzeptionen zur Anwendung gelangen?" (WERLEN 1995: 235) Wenn nun Raum doch der Erfahrung zugänglich und von ihr sogar abhängig ist, dann kann er auch als Begriff angesehen werden und nicht mehr nur als Prinzip bzw. apriorischer Form der Anschauung. An dieser Stelle identifiziert Werlen den Bruch mit Kants epistemologisch begründetem Raumkonzept:

> „Die Handlungstheorie geht davon aus, daß alle nicht rein natürlichen Gegebenheiten als beabsichtigte/unbeabsichtigte Folgen von Handlungen zu interpretieren sind. Damit wird offensichtlich, daß Kants Konzeption mit einer handlungstheoretischen Perspektive in dieser Beziehung in Widerspruch geraten muß. Begreift man nämlich Raum als reine Anschauung, dann ist in letzter Konsequenz damit nur soviel ausgesagt, daß Gegenstände der physischen Welt eine Ausdehnung aufweisen. Und „Raum" als „reine Anschauungsform" trägt dieser Eigenschaft in der Organisation der Wahrnehmung Rechnung. Doch es ist nicht einzusehen, warum dies nicht auch auf die Erfahrung zurückgehen kann. Kann dem zugestimmt werden, braucht man auch die euklidische Raumkonzeption nicht a priori zu setzen, sondern diese kann ebenfalls als eine Erfahrungstatsache unter Bezugnahme auf die eigene Körperlichkeit des Handelns betrachtet werden." (WERLEN 1995c: 229)

Anhand der Unterschiedlichkeit der sozialen Bedeutungen und Verwendungen räumlicher Konzepte erschließt sich Werlen nunmehr die Möglichkeit, Raum wiederum relational bzw. begrifflich einer Sozialontologie bereitzustellen. Er leitet diesbezüglich die These her, daß Raum aus handlungstheoretischer Perspektive als Begriff aufzufassen sei, „allerdings weder als empirisch-deskriptiver noch als rein formaler Begriff, sondern als formal-klassifikatorischer Begriff." (WERLEN 1995c: 235) Entsprechend dem formulierten Ziel, im Rahmen einer Sozialgeographie alltäglicher Regionalisierungen das alltägliche Geographie-Machen, d.h. die Weisen der Weltbindung von Menschen, wissenschaftlich zu erforschen, schlägt Werlen ein Verfahren vor, das drei Argumentationsschritte impliziert:

Argument 1$_{\text{WERLEN}}$. Raum wird als Begriff aufgefaßt. Zwar handelt es sich nicht um einen allgemeinen Begriff, wie Kant richtig einwendet, aber es ist nicht zwingend, ihn deshalb als a priori aufzufassen. „Raum geht zwar aller aktuellen Erfahrung voraus, doch braucht dies nicht zu heißen, daß „Raum" deshalb auch als erfahrungsunabhängig auszuweisen ist." (WERLEN 1995c: 236)

Raum geht zwar jeder aktuellen Erfahrung voraus, liegt aber in früheren Erfahrungen begründet. Dies würde mit Kant bedeuten, daß jeder Begriff ein a priori darstellt, da er in dem Wissensvorrat des Subjektes begründet liegt. Denn auch jeder Begriff geht jeder aktuellen Erfahrung voraus. Das heißt jedoch nicht, daß diese Begriffe nicht aufgrund von Erfahrungen und Konventionen formuliert wurden. Dann bleibt zu fragen, auf welche Art von Erfahrungen der Ausdruck Raum Bezug nimmt. Die Funktion des Körpers ist die Vermittlung zwischen dem erlebenden Bewußtseinsstrom des Subjektes und der raumzeitlichen Welt der Ausdehnung. Der Körper ist somit Vermittlungsglied zwischen subjektiver Welt und physischer Welt. Als Träger und Durchgangsort von Erkenntnis und Handlung bestimmt er das jeweilige Hier und Jetzt, ohne aber die Inhalte des Erlebens und des Handelns selbst zu bestimmen. „Die Erfahrung der physischen Welt und deren Repräsentation in räumlichen Dimensionen durch die Handelnden kann somit als leib- oder körperzentriert ausgewiesen werden. Die Materialität der physischen Welt wird in Korrelation zur eigenen Materialität konstituiert. Und in diesem Sinne ist „Raum" als Erfahrungstatsache, als Begriff und nicht als apriori zu begreifen. Er ist also relational, aber eben als relationaler Begriff aufzufassen, dessen Definiens auf relationalen Erfahrungen beruht". (WERLEN 1995c: 238)

Argument 2$_{\text{WERLEN}}$. Raum ist als formal-klassifikatorischer Begriff zu verstehen. Er ist formal, weil er eine Art Grammatik für die Orientierung in der physischen

Welt darstellt. Er ist klassifikatorisch, weil er Ordnungen ermöglicht, ohne selbst eine Klasse zu sein. „Raum ist somit nicht bloß a priori, und zwar deshalb nicht, weil er auf Erfahrung beruht, allerdings nicht auf der Erfahrung eines besonderen und mysteriösen Gegenstandes „Raum", sondern auf der Erfahrung der eignen Körperlichkeit, deren Verhältnis zu den übrigen ausgedehnten Gegebenheiten (inklusive der Körperlichkeit der anderen Subjekte) und deren Bedeutung für die eigenen Handlungsmöglichkeiten und -unmöglicheiten" (WERLEN 1995C: 239).

Argument 3$_{\text{WERLEN}}$. Es ist sicherzustellen, daß die Zuständigkeit des Raumbegriffs für die physische Welt nicht überschritten wird. Er kann sich nur auf den Bereich der ausgedehnten Körper beziehen, nicht auf die immateriellen Gegebenheiten des Bewußtseins oder die intersubjektiv konstituierten sozialkulturellen Gegebenheiten[67].

Als Beispiel für ein solches begriffliches Überschreiten führt Werlen das alltagssprachliche Urteil „südlich von Rom sind Leute arbeitsscheu" an. Hier wird deutlich, daß eine räumliche Semantik für soziale Sachverhalte Verwendung findet und damit ihren Geltungsbereich überschreitet. Die Konsequenz solcher Fehlverwendungen ist eine Homogenisierung und Kollektivierung gesellschaftlicher Differenz durch relativ grobe und unsensible Fremdkategorien biologischer oder räumlicher Art. Gerade solche Verwendungen liegen rassistischen, sexistischen und anderen diskriminierenden Urteilen zugrunde[68].

[*Raumverständnis*] Mit dieser Argumentation begründet Werlen eine heuristische Funktion des Raumes als interpretationsbedürftige Symbolwelt des Sozialen. Im Verständnis von Raum als formal-klassifikatorischer Begriff, der erfahrungsabhängig konstituiert wird, wird der *shift* von einer raumzentrierten Perspektive auf eine räumlich informierte Sozialforschung möglich:

> „Wird „Handeln" und nicht „Raum" zum zentralen Theoriebegriff gemacht, dann wird offensichtlich, daß die räumliche Anordnung von Sachverhalten als notwendige Bedingung und Folge menschlichen Handelns relevant ist. Die lokalisierbaren Sachverhalte werden immer einer zielspezifischen Interpretation im Rahmen des Handlungsaktes unterworfen und können

---

[67] Werlen (1995c: 240)
[68] Werlen (1995c: 240)

demgemäß nicht unmittelbare Ursache einer Handlung sein. Demgemäß kann die erdräumliche Dimension immer nur den an sich wirkungslosen Bezugsraster der Lokalisierung von handlungsrelevanten Elementen und der Orientierung von Handlungen in den verschiedenen Bezugsbereichen darstellen. In diesem Sinne stellt Raum ein „Kürzel" für Probleme und Möglichkeiten der Handlungsverwirklichung und der sozialen Kommunikation dar, die sich auf die physisch-materielle Komponente beziehen. Aber statt das „Kürzel" zu reifizieren, zu verdinglichen, sollten wir uns mit dem beschäftigen, wofür das Kürzel steht. Konzentrieren sollten wir uns auf die räumlichen Aspekte der materiellen Medien in ihrer sozialen Interpretation und deren Bedeutung für das gesellschaftliche Leben." (WERLEN 1995c: 243)

Als Ziel der Sozialgeographie alltäglicher Regionalisierungen ergibt sich jetzt die Untersuchung der sozialen Verwendung räumlicher Kategorien und Kontexte zur Meisterung sozialer Problemsituationen. Traditionelle Raumprobleme werden als Handlungsprobleme aufgefaßt.

Hinsichtlich der Prüfkriterien dieser Untersuchung ist es bedeutsam festzuhalten, daß Werlen Raum als soziale Begrifflichkeit entdeckt, räumliche Kategorien als semiotische Zeichen- oder Bedeutungsträger konzipiert und somit eine Verbindung zwischen dem Sozialen und der materiellen Welt herstellt. Raum ist weder Substanz, noch Träger irgendeiner Kausalwirksamkeit, und letztlich kann er infolge dessen auch kein Forschungsgegenstand der Sozialgeographie sein.

Auf die Gefahren einer räumlichen Metaphorik hat Werlen in Argument 3$_{\text{WERLEN}}$ hingewiesen. Die Risiken einer räumlichen Metaphorik des Sozialen sind wohl größer einzuschätzen als ihr Nutzen, wenn man Werlen folgt, wenngleich er ihren Nutzen durchaus anerkennt. Besondere Betonung des Nutzens räumlicher Semantiken des Sozialen begründet z.B. Helmut Klüter im Konzept der Raumabstraktionen[69]. Dort argumentiert er, daß Raumabstraktionen komplexe Informationen und Regeln durch ihre räumlich orientierende Codierung vereinfacht kommunizieren können und daher bei bestimmten Interaktionsformen der sozialen Semantik überlegen sind[70]. Typische Raumabstraktionen sind z.B. Verkehrskarten oder Routenpläne, in denen das komplexe Regel- und Normenwerk von Institutionen oder Organisationen in einfacher Codierung an den

---

[69] Klüter (1994: 158f.)
[70] siehe auch Hard (1993: 57f.)

Nutzer kommuniziert wird. Klüter denkt Raumabstraktionen als Elemente sozialer Kommunikation und argumentiert für räumliche Semantiken, immer wenn der Vorteil der Komplexitätsreduktion kommunizierter Information gegenüber einer sozialen Semantik gegeben ist. Damit ist ein Spannungsfeld im Umgang mit und im Denken von räumlicher Semantik/Metaphorik vorgestellt worden, das gerade vor dem Hintergrund der Place-Konzepte in Kapitel 6 noch eine gewisse Relevanz erfahren wird.

[*Forschungsprogramm*] Mit dem Ziel der Erforschung sozialer Verwendungen von räumlichen Kategorien läßt sich das so bezeichnete alltägliche Geographie-Machen nach sozialwissenschaftlichen Kategorien begreifen. „So wie wir über Handlungen „Gesellschaft" täglich produzieren und reproduzieren, so produzieren und reproduzieren wir auch (Sozial-) Geographien. Für deren Analyse fragt man zuerst, was jemand tut, bevor man nach den räumlichen Bedingungen dafür und den räumlichen Konsequenzen davon Ausschau hält." (WERLEN 1995b: 520). Es steht im Interesse der Sozialgeographie alltäglicher Regionalisierungen, die Formen der Weltbindung von und zwischen Individuen zu identifizieren. In Anlehnung an die klassischen Handlungstheorien, die Werlen (1987)[71] als zweckrationale, normorientierte und verständigungsorientierte Handlungstheorien diskutiert, sowie an die Strukturationstheorie von Anthony Giddens[72] unterscheidet Werlen analytisch drei Typen alltäglicher Regionalisierungen:

- produktive-konsumtive Geographien: Der Bereich bezieht sich auf die zweckrationalen Geographien der Produktion und des Konsums, somit auf Standortentscheidungen und den damit verbundenen Festlegungen von Aktionsräumen und Warenströmen. Die Rekonstruktion der regionalisierenden Konsequenzen der Alltagswelt und die Herstellungsprozesse mit den Gestaltungspotentialen entsprechender Anordnungsmuster stehen im Zentrum[73]. Dieser Bereich alltäglicher Regionalisierungen ist folglich mit einem metrischen Raumkonzept zu kombinieren[74] insofern als sich z.B. ökonomische Kriterien der Standortentscheidung (Transportkosten) aus zweckratio-

---

[71] Werlen (1987: 112-160
[72] vgl. Kapitel 6.2.1
[73] Werlen (1995b: 520)
[74] Werlen (1997: 295)

nalen Kalkülen metrisch auf Distanzmaße übertragen lassen und somit am ehesten repräsentiert werden können.

- normative-politische Geographien: Hier stehen Normorientierung und präskriptive Regionalisierung im Zentrum. Damit sind normative Territorialisierungen von Nutzung ebenso gemeint wie solche von Kontrolle über Personen und Mittel der Gewaltanwendung.

- signifikative-informative Geographien: Diese Regionalisierungen der Lebenswelt betreffen die subjektiven Bedeutungszuweisungen und Aneignungen von bestimmten alltagsweltlichen Ausschnitten, z.B. emotionale Bezüge wie Heimat oder Regionalbewußtsein. Die Arten der Bedeutungskonstitution sind vom jeweiligen verfügbaren Wissen abhängig. Die subjektiven Geographien der Informationsbezüge sind so gesehen ausschlaggebend für die Ausprägung des jeweiligen Wissensvorrates. Der erste Untersuchungsaspekt betrifft das Verhältnis von globaler Kommunikationsgesellschaft und lokal fixierten face-to-face Beziehungen. Die Steuerung von Informationsaneignung unter körperlicher Abwesenheit erfolgt durch verschiedene Medien, den wichtigen Formen informativer Regionalisierung.

Fig 7 Typen von Regionalisierungen

REGIONALISIERUNGEN		FORSCHUNGSBEREICHE
Produktiv-konsumtive	Alltägliche	Geographien der Produktion
		Geographien der Konsumtion
Normativ-politische	Alltägliche	Geographien normativer Aneignung
		Geographien politischer Kontrolle
Informativ-signifikative	Alltägliche	Geographien der Information
		Geographien symbolischer Aneignung

Quelle: WERLEN (1997: 272)

[*Diskussion*] Benno Werlen vollzieht in konsequenter Weise die Inversion der konventionellen geographischen Forschungslogik: Anstelle den Raum als Forschungsgegenstand zu behandeln und das Räumliche sozial zu erklären, formuliert er den sozialen Prozeß der Wirklichkeitskonstitution als Explanandum sozialgeographischen Forschens. Der Raum wird in dieser Sichtweise immer als sozial unterdeterminiert erachtet und kann daher weder als Explanans, noch als Forschungsobjekt in Erscheinung treten. Stattdessen stehen die Bedeutung und Verwendungsweisen des sozial angeeigneten Räumlichen im Mittelpunkt zur Bestimmung des Sozialen[75]. Raum wurde definiert als formal-klassifikatorischer Begriff, d.h. als relationale Ordnungsform, die nicht etwa transzendental vorgegeben und somit erfahrungsinvariant ist, sondern vielmehr im Prozeß der sozialen Alltagspraxis und der individuellen Erfahrung konstituiert und transformiert wird. Raum ist somit in Gestalt des räumlich codierten Sozialen ein Instrument der Weltbindung. Werlen begründet eindrucksvoll die Möglichkeit einer relationalen Auffassung von Raum, wie sie im Diskurs der philosophischen Raumkonzepte nur als schwierig zu begründen identifiziert wurde. Ein relationales Verständnis von Raum impliziert zusammenfassend für eine sozialwissenschaftlich motivierte Forschungsperspektive, daß Raum (1) nicht Substanz, (2) nicht Ursache und (3) nicht Forschungsgegenstand sein kann. Über die Funktion räumlicher Semantiken des Sozialen kann nicht eindeutig geurteilt werden. Während Werlen die theoretische Inadäquanz solcher metaphorischer Verwendungen demonstriert und auf die Gefahren der Homogenisierung und Kollektivierung hinweist, empfiehlt Klüter die Konstruktion von Raumabstraktionen als Elemente und Möglichkeit komplexitätsreduzierter Kommunikation. Die Möglichkeiten begrifflicher Raumsemantiken müssen daher gegenüber ihren Risiken abgewogen werden. Im Einzelfall wird zu prüfen sein, welche Intention hinter solchen Verwendungen steht: In Kapitel 6 werden einige Formen räumlicher Semantiken und ihre Gefahren aufgedeckt.

Werlens Argumentation kann auf jeden Fall gefolgt werden: Das Programm einer Sozialgeographie alltäglicher Regionalisierungen ist konsistent und schließt alle Probleme, die in Kapitel 3 in Verbindung mit substantialistischen Raumauffassungen erkannt wurden, systematisch aus. Doch legt das Programm auf der anderen Seite eine sehr enge Perspektive fest, indem es den Sozialgeographen auf eine mikrosoziologische Perspektive verpflichtet, innerhalb derer räumliche Kategorien stets aus dem Handlungskontext und der Bedeutungszuweisung begriffen werden. Diese Perspektive legt den Forscher auf die sozialen Verwendungsweisen von Raum fest. Die Interessen stärker ma-

---

[75] vgl. auch Werlen (1997: 352)

kroskopisch ausgelegter Perspektiven können in diesem Programm nicht berücksichtigt werden. Es fällt schwer, z.B. regionale Disparitäten in diesem Programm zu verorten. Aus diesem Grunde ist das Programm einer Sozialgeographie alltäglicher Regionalisierungen vor dem Motiv der Entwicklung einer formalen und offenen Raumkonzeption bereits sehr spezifisch. Es ist zu prüfen, ob nicht weniger voraussetzungsvolle Konzeptionen von Raum möglich sind, ohne in die Fallen zu treten, in die die Raumwissenschaft getreten ist.

5 Kontextualistische Reflexion wissenschaftlichen Denkens

5.1 *Kontextualismus*

Was ist Kontextualismus? Worin besteht die kontextualistische Kritik der Erkenntnistheorie? Welche sind die Grundlagen kontextueller Erkenntnis für die Konzeptionierung alternativer Raum- bzw. Placebegriffe?

[**Problem**] Eine Reihe anglo-amerikanischer Autoren verwendet den Begriff des Kontextes regelmäßig in Schriften zur Place-Forschung (ENTRIKIN 1991; THRIFT 1990, 1991; SAYER 1989, 1991; MASSEY 1994; SUNLEY 1996; PHILO 1989; AGNEW 1987; etc.). Allerdings wird der Kontextbegriff selten expliziert und die Verwendungen sind durchaus unterschiedlich. Als potentielle Meta-Begriffe von Kontext existieren Kontextualität oder Kontextualismus. Generell ist, abgesehen von Entrikins Arbeit *The Betwenness of Place* (1991), in der gegenwärtigen geographischen Literatur nur wenig zum Kontextualismus zu finden. In diesem Abschnitt seien die Anknüpfungspunkte für die Verwendung von Kontext im Zusammenhang mit Place-Konzepten aufgezeigt. Dabei wird hauptsächlich dem Begriff des Kontextualismus als wissenschaftsphilosophischer Denkschule nachgegangen. Im Mittelpunkt stehen ihre erkenntnistheoretische Kritik des logischen Empirismus und die sich daraus ergebenden Chancen/Probleme für die geographische Forschung und Theoriebildung in bezug auf Raumkonzepte. Ferner wird untersucht, inwiefern die Geographie ihrerseits eine Schlüsselrolle in der kontextuellen Kritik der Wissenschaftstheorie beansprucht und worauf dieser Anspruch fußt (SACK 1997; SHAPIN 1998; ENTRIKIN 1991, SAYER 1991).

5.1.1 Kontextualistische Erkenntniskritik

[**Vorbemerkung**] Kontextualistische Argumente richten sich gegen die empiristische Philosophie, wissenschaftstheoretisch gegen den logischen Empirismus. Der Glaube an evolutionären subjektunabhängigen Erkenntnisfortschritt auf der Grundlage objektiver Beobachtung und experimenteller Determination des Objektes stehen insgesamt in der Kritik der Wissenschaftsphilosophie des

20. Jahrhunderts[76]. Ausgangspunkt der Kritik objektiver Erkenntnis ist die Einsicht, „daß der naturwissenschaftliche Erkenntnisprozeß empirisch und epistemologisch unterdeterminiert ist. Theoretische Begriffe und grundlegende Erklärungsprinzipien sind Konstruktionen des experimentellen Beobachters und der wissenschaftlichen Fachkollektive und abhängig von derem sozialen und intellektuellen Milieu oder - 'Kontext'." (BONß et al. 1994: 440) Doch einer Rekonstruktion der kontextualistischen Erkenntnisgrundlage geht eine kritische Dekonstruktion der Grundsätze des logischen Empirismus voraus.

[*Wider den logischen Empirismus*] Kritik am logischen Empirismus[77] wurde im Laufe dieses Jahrhunderts in vier Bereichen der Wissenschaftsforschung geübt. Die zentralen Argumente seien kurz rekapituliert. [78]

Argument$_{\text{WISSENSCHAFTSTHEORETISCH}}$. Aus der quantenphysikalischen Forschung rührt die Erkenntnis, daß das naturwissenschaftliche Experiment nicht unabhängig vom Beobachtungsstandpunkt gesehen werden kann. So werden z.B. Elektronen als Konstrukte des Forschers angenommen, die nicht realistisch interpretiert werden können. Das Paradigma des naiven physikalischen Realismus ist damit in Frage gestellt.

Argument$_{\text{WISSENSSOZIOLOGISCH}}$. Aus wissenssoziologischer Betrachtung von Laborstudien stammt die These, daß Fakten und Repräsentation in wechselseitigem Verhältnis stehen: „Facts begin as some form of literary inscription - an equation, a graph, a table. But then at some point an inversion is made. Rather than the text producing the fact, the fact is made to produce the text." (BARNES 1993: 302) Die Repräsentation ist nicht nur einfach die Wiedergabe von Forschungsergebnissen, sondern es werden auch Ergebnisse kreiert, um eine gute Repräsentation zu erhalten. Ferner steht die wissenschaftliche Tatsache in einem

---

[76] vgl. Bonß/Hohlfeld/Kollek (1994). Wesentliche Passagen dieses Abschnittes lehnen an ihre Rekonstruktion eines kontextualistischen Modells der Wissenschaftsentwicklung an.

[77] In der englischsprachigen Literatur wird oft die Bezeichnung *positivism* verwendet.

[78] Bonß/Hohlfeld/Kollek (1994: 440ff.)

kognitiven, sozialen und institutionellen Handlungszusammenhang, der steuert, was wissenschaftlich in und out und was eine befriedigende Erklärung ist[79].

Argument~WISSENSCHAFTSHISTORISCH~: Der für den evolutionären Erkenntnisfortschritt notwendige Vergleich konkurrierender Theorien ist nicht möglich, da normalwissenschaftliche Paradigmen inkommensurbal sind; Es gibt keine gemeinsame Logik zwischen den Behauptungssystemen, die die Formulierung des einen in der Sprache des anderen erlaubte[80]. Die Idee eines kumulativen Erkenntnisfortschritts erscheint somit obsolet. Gerade im Wechsel zwischen normaler und revolutionärer Wissenschaft erkennt Kuhn die Einflußnahme kultureller und sozialer Faktoren.

[*Exkurs*] Das Argument der Inkommensurabilität von Theorien und Paradigmen bedarf einer kurzen Gegendarstellung. Zwar wird Kuhns Untersuchung zur Struktur wissenschaftlicher Revolutionen[81] oft als der Meilenstein in der Formulierung relativistischer Positionen behauptet (BONß/HOHLFELD/KOLLEK 1994: 441; SHAPIN 1998: 6), jedoch ist seine Argumentation grundsätzlich angegriffen worden, so z.B. von Stephen Toulmin in seiner viel radikaleren Kritik der kollektiven Erkenntnis:

„Erinnern wir uns doch [an Kuhns These des Paradigmenwechsels]: bei einer wissenschaftlichen Revolution im echten Sinne haben die beiden Seiten (etwa die Newtonianer und Einsteiner in der Physik) keine gemeinsame Sprache für die theoretische Diskussion und kein anerkanntes Verfahren für den Vergleich der Ergebnisse. Doch wie sieht es in der Wirklichkeit aus? Das fachliche Wirken vieler theoretischer Physiker erstreckte

---

[79] vgl. Bonß/Hohlfeld/Kollek (1994: 443). Anhand zweier Beispiele illustriert Thrift (1983: 25) dieses Argument: „Yet no social theorist can, other than very partially, escape thinking in terms of the society she is socialized into. Why, otherwise, was Marxism, an admittedly determinist set of theories, born under the crushing economic imperatives of the nineteenth century (*and* the labour unrest that accompanied it). Similarly, it is quite impossible to believe that there is no connection between the pessimistic view of society of the Frankfurt School and the Weimar and National Socialist Germanies of the 1920s and 1930s. Theories as diverse in their content and aims as the various forms of Marxism or phenomenology are all bound both by the limits of the knowledge they can utilize and by the ways the can combine this knowledge in theories which are imposed upon them as a result of being children of the same society at a particular time."

[80] Tietz (1991: 764). Dieses Argument Kuhns richtet sich vor allem gegen Poppers methodologische Erkenntnistheorie evolutionären Wissensfortschritts durch Theorienwettstreit.

[81] zuerst erschienen 1962

sich über die Zeit von 1890 bis 1930, also über die fragliche Wandlung hinweg. Hätte es wirklich einen Verständigungsbruch gegeben, wie er bei einer echten wissenschaftlichen Revolution vorkommen soll, dann müßte er aus den Zeugnissen dieser Physiker hervorgehen. Doch was findet man? Wenn es eine solche Revolution gab, dann waren sich die unmittelbar Beteiligten ihrer merkwürdigerweise gar nicht bewußt. Hinterher legten viele ganz deutlich die Gesichtspunkte dar, die ihren Übergang vom klassischen zum relativistischen Standpunkt veranlaßten, und zwar stellten sie sie als die Gründe dar, die den Übergang rechtfertigen, nicht bloß als die Motive die ihn verursachten. (...) Dasjenige Beispiel einer wissenschaftlichen Revolution, auf das Kuhn das größte Gewicht legt, entspricht also gar nicht seiner Definition." (TOULMIN 1983: 128f.)

Toulmin gilt selbst als Mitbegründer einer post-empiristischen Wissenschaft[82] und versucht keineswegs, dem Empirismus die Lanze zu brechen. Er verfolgt die ähnliche Frage, „durch welche historisch-gesellschaftlichen Vorgänge und gedanklichen Verfahren (...) sich Begriffspopulationen und Theorien - die Methoden und Werkzeuge kollektiver Erkenntnis"[83] - wandeln, jedoch nicht krisenhaft ersetzen. Anliegen seiner Untersuchung ist es, von der Unmöglichkeit unveränderlicher Grundsätze menschlicher Erkenntnis auf deren Konventionalität, oder anders, Kontextualität zu verweisen. Die Kritik an Kuhn ist vor allem darin zu begründen, daß er anstatt das erkenntnistheoretische Projekt als solches zu verabschieden, nach einer lebensfähigen Alternative für das traditionelle erkenntnistheoretische Paradigma sucht.[84] Es ist sogar fraglich, ob Kuhns Kritik den ursprünglichen Adressaten, Karl Popper, überhaupt trifft. Popper verwirft explizit die Idee der Widerspruchsfreiheit als hinreichendes Geltungsargument einer Theorie:

„Wir können sehr wohl zwei einander widersprechende Theorien haben, die beide unwiderleglich sind: zum Beispiel den Determinismus, wie in unserem ersten Beispiel, und seinen Gegensatz, den Indeterminismus. Beide sind gleich unwiderlegbar. Da nun zwei einander widersprechende Theorien nicht beide wahr sein können, so ergibt sich, daß aus der Unwiderlegbarkeit noch nicht die Wahrheit hervorgeht." (POPPER 1959: 16)

Popper entzieht damit dem Argument der Inkommensurabilität als Kriterium des Erkenntnisforschritts selbst den Boden. Im zweiten Argumentationsschritt

---

[82] Vgl. Bonß/Hohlfeld/Kollek (1994)
[83] Toulmin (1983: 42)
[84] Tietz (1991: 765)

entwirft Popper ein pragmatisches Argument für die Vergleichbarkeit von Theorien eben nicht aufgrund ihrer inneren logischen Äquivalenz, wogegen sich Kuhn wendet, sondern aufgrund der Problemlösungsfähigkeit von Theorien:

> „Jede vernünftige Theorie, ob wissenschaftlich oder philosophisch, besteht darin, daß sie gewisse Probleme löst. Sie ist nur im Zusammenhang mit einer Problemsituation verständlich und vernünftig; und sie kann nur im Zusammenhang mit einer Problemsituation vernünftig, das heißt kritisch, diskutiert werden. Wenn wir aber die Theorie als Vorschlag zur Lösung eines Problems (oder mehrerer Probleme) betrachten, dann gibt es Möglichkeiten für eine kritische Diskussion - sogar wenn die Theorie nicht-empirisch oder unwiderlegbar ist. Denn dann können wir fragen: Löst die Theorie ihr Problem? Löst sie es besser als andere Theorien? Verschiebt sie es nur? Ist die Lösung einfach? Ist sie fruchtbar? Widerspricht sie vielleicht anderen philosophischen Theorien, die wir zur Lösung anderer Probleme brauchen? Fragen dieser Art erweisen die Möglichkeit einer kritischen Diskussion auch unwiderlegbarer Theorien." (POPPER 1959: 18)

Anhand dieser Gegenargumentation sei aufgezeigt, daß Kuhn zwar ausführlich für die Probleme einer naiven Erkenntnisevolution sensibilisiert, dabei aber das Anliegen Poppers im Entstehungszusammenhang von Theorien kritisiert, während dieser seinen Erkenntnisfortschritt im Begründungszusammenhang grundlegt. Den kontextuellen Charakter des Entstehungszusammenhangs von Theorien und kühnen Vermutungen hat Popper nicht bezweifelt[85]. Der Widerstreit von Theorien kann nicht auf Inkommensurabilität reduziert werden, sondern es müssen andere soziale Mechanismen der Wissenserzeugung und Wissensdiffusion erörtert werden, die den Spielraum des vernünftigen Austausches gestatten, z.B. mit dem Konzept des Kontextes. Shapin hat dafür kürzlich wissenschaftssoziologisch argumentiert:

Argument_{WISSENSCHAFTSSOZIOLOGISCH}: Wissen wird nicht nur in spezifischen sozialen, kognitiven, institutionellen und kulturellen Kontexten erzeugt, sondern auch - ebenso kontextspezifisch - in Abhängigkeit von Strategien der Repräsentation und Standardisierung von Wissen sowie seiner Institutionalisierung und dem erzielten Vertrauensgewinn gegenüber dem Wissen verbreitet[86]. Damit hängt die Frage der Durchsetzung von Wissen nicht in erster Linie von der Qualität

---

[85] Shapin (1998: 5)
[86] Shapin (1998: 6)

oder der Wahrheitsnähe von Theorien ab, sondern vielmehr von der Adäquanz eingesetzter sozialer Vermarktungsstrategien.

Die Konsequenzen dieser Kritik fassen Bonß et al. so: „Wissenschaftliche Tatsachen, Theorien und Texte, so unsere Quintessenz der neueren Arbeiten aus Wissenschaftstheorie, -soziologie und -geschichte, entwickeln sich nicht einfach aus sich heraus nach einer feststehenden Logik, sondern sie entstehen und erlangen Geltung in Abhängigkeit von den sie umgebenden sozialen, praktischen und kognitiven Kontexten." (Bonß et al. 1994: 443)

5.1.2 Kontextualistische Erkenntnis

[*Vorbemerkung*] Die vorangegangene Darstellung argumentiert, daß Theorien der Natur- und Sozialwissenschaften bezüglich ihrer behaupteten logischen Relationen unterkomplex sind, so daß sie um einen kontextuellen Ansatz, der gegenüber kontingenten Beziehungen sensibel ist und strukturelle Kategorien in Zeit und Ort zusammenfügt, erweitert werden müssen[87]. Wie aber kann die konsequente Entwicklung einer kontextuellen Theorie wissenschaftlicher Entwicklung aussehen? In diesem Abschnitt werden einige Begriffe zur Bezeichnung wissenschaftlicher Aktivitäten aus der Kontext-Perspektive entwickelt. Zunächst lassen sich zwei Formen von Kontexttheorien unterscheiden: Die schwache Variante beschränkt sich auf den Entstehungskontext von Theorien, indem nur die Produktion wissenschaftlicher Erkenntnis kontextabhängig gedacht wird. Die starke Variante behauptet eine zusätzliche Kontextbezogenheit unter kognitiven bzw. epistemologischen Gesichtspunkten und erweitert damit die Perspektive auf den Begründungszusammenhang[88]. Neben den sozialen Kontexten treten vor allem Bedeutungskontexte und -veränderungen in den Blick, so daß eine eher linguistische Perspektive auf das Entstehen und Begründen von Wissen eröffnet wird. Mitunter wird in der kontextualistischen Wendung der Erkenntniskritik auch eine Substitution der Epistemologie durch die Sprachphilosophie gesehen[89]. Zwei klassische Ansätze seien rekapituliert.

---

[87] Philo (1988: 173)
[88] Bonß/Hohlfeld/Kollek (1994: 444)
[89] Tietz (1991: 765)

[*Klassische Ansätze*] Jonathan Rupert Firth (1956)[90] begründet den britischen Kontextualismus aus einer Strukturperspektive, wobei er seine Untersuchungen auf sprachwissenschaftliche Fragen beschränkt. In diesem Zusammenhang thematisiert Firth das Problem sprachlicher Kontexteffekte, so z.B. im Falle der Polysemie, der Mehrdeutigkeit von Begriffen, die in der Praxis aber eindeutig verstanden und verwendet werden. Zum Beispiel regeln Syntax und Grammatik die Bedeutung des Begriffes Heide in dem Satz

Heide aus Heide heiratet einen Heiden aus der Heide[91].

Stephen C. Pepper (1942)[92] begründet im Rahmen des amerikanischen Kontextualismus ein kontextualistisches Erkenntnisprogramm aus einer Prozeßperspektive heraus. Dabei werden Gegenstände als Ereignisse definiert, die dann in der kontextualistischen Analyse einer zeitlichen Perspektive ihrer Veränderung unterzogen werden. Ausgehend von diesen idealtypischen Perspektiven auf den Kontext reformulieren Bonß et al. das Ziel von Kontexttheorien:

„Allgemein formuliert zielen kontexttheoretisch orientierte Wissenschaftsanalysen darauf ab, die Produktion und Verwendung wissenschaftlichen Wissens als einen Prozeß der Ausschöpfung, Herstellung und Veränderung von Kontexten zu beschreiben. Wissenschaftliche Gegenstände und Erklärungen, so die Basishypothese, konstituieren sich nicht aus sich heraus; sie sind vielmehr kontextbezogen begründet, d.h., sie konstituieren sich im Horizont kognitiver und sozialer Umgebungsrelationen, und ihre Entwicklung bzw. Anwendung muß als ein Wechsel von derartigen Relationen beschrieben werden." (BONß/HOHLFELD/KOLLEK 1994: 447)

[*Elemente eines kontextuellen Erkenntnismodells*] Bonß/Hohlfeld/Kollek unterscheiden im Entwurf eines kontextualistischen Erkenntnismodells drei Kontexte. (1) Der sozial-interaktive Kontext thematisiert wissenschaftliche Erklärungen in ihren sozialen und institutionellen Entstehungs- und Verwendungszusammenhängen. (2) Der praktisch-experimentelle Kontext erfaßt für

---

[90] Firth, J.R. (1956): Papers in Linguistics 1934-1951. - London
[91] Bonß/Hohlfeld/Kollek (1994: 444). Die Autoren sprechen im Zusammenhang mit der Strukturperspektive auch von räumlichen Kontexten, die sie anhand dieses Satzes dokumentieren wollen. Auf diese Metapher sei hier nur kritisch verwiesen, denn natürlich ist der Satz allein aus den syntaktischen und grammatikalischen Regeln verständlich, die Bedeutungsvielfalt des Begriffes vorausgesetzt. Der ϕPositionseffektΘ ist kein räumlicher Effekt.
[92] Pepper, S.C. (1942): World Hypotheses. - Neudruck: Berkeley 1978

die im Experiment forschenden Erfahrungswissenschaften die Umstände der experimentellen Dekontextualisierung, d.h. des Versuches, eine Meßgröße von ihrer aktuellen Situation (der Konstellation mit anderen Größen) zu isolieren. (3) Der semantisch-kognitive Kontext bezieht sich auf den Erklärungs- und Geltungszusammenhang von Theorien. Eine Erklärungsperspektive wird als der Metakontext gedacht, der verschiedene Erklärungsmodelle vorgibt. Die wissenschaftliche Spezialsprache bildet darunter den Kontext der Sätze über empirisch definierte Objekte. Anhand dieser Klassifikation von Kontexten wird der gesamte Forschungsprozeß und seine Organisation konzeptionell erfaßt. Die skizzenhaften Ausführungen dienen an dieser Stelle der Schaffung eines Vokabulars, das nunmehr auf das eigentliche Problem der objektiven Erkenntnis angewandt wird.

Zwei Prozesse spielen im Zusammenhang mit dem erkenntnistheoretischen Diskurs eine Rolle. Zunächst bezeichnet der Prozeß der Dekontextualisierung die sukzessive Entbettung von Erscheinungen und Erklärungen aus ihrem Kontext. Empirische Verallgemeinerungen von Untersuchungsergebnissen gelten als pragmatische Dekontextualisierung, die theoretische Vereinheitlichung gilt als semantische Dekontextualisierung. Toulmin erkennt in der Dekontextualisierung das charakteristische Merkmal der naturwissenschaftlichen Denkweise der Moderne[93]. Der zweite Prozeß der Umkontextualisierung bezeichnet den Bedeutungswandel von Theorien und Aussagen bei der Verwendung in anderen Kontexten. Je umfangreicher kontextuelles Wissen seine Bedeutung in anderen Kontexten erhalten kann, desto kontextinvarianter ist es. Mit diesen begrifflichen Instrumenten sei die soziale Praktik der wissenschaftlichen Erkenntniserzeugung und -verwendung schemenhaft umrissen. Die Prozesse der Dekontextualisierung und Umkontextualisierung erfassen konzeptionell die Verallgemeinerungsweisen wissenschaftlicher Erkenntnis.

Kontextualistische Betrachtungen entzaubern die Wissenschaft[94] in all ihren Zusammenhängen; ihrem Entstehungs-, Begründungs-, Erklärungs-, Geltungs- und Verwendungszusamenhang. Wissenschaftstheoretische Argumente reichen nicht zur Legitimation von Theorien hin, da diese immer der sozialen Pra-

---

[93] Toulmin, Stephen (1991): Kosmopolis. - Frankfurt am Main; zitiert nach Bonß/Hohlfeld/Kollek (1994)
[94] Bonß/Hartmann (1985)

xis unterworfen sind. Wissenschafts- und wissenssoziologische Argumente haben die Kontextualität wissenschaftlicher Praxis aufgedeckt und beschrieben. Doch welche Bedeutung hat diese Kritik für erkenntnistheoretische Programme?

5.1.3 Kritischer Realismus und Kontextualismus

Mit dem Entzug wissenschaftlicher Legitimation von apriorischen Wahrheitsannahmen und der Kritik der Logik wäre eine konsequente Folgerung die eines radikal relativistischen oder anarchistischen Forschens im Sinne von Feyerabends anything goes[95]. Da die Autoren kontextualistischer Raumkonzepte das Ziel der wissenschaftlichen Erklärung aber aufrecht erhalten wollen, sind sie auf eine weniger radikale Lösung angewiesen. Im weitesten Sinne bedarf es für die Möglichkeit der Erklärung die konzeptionelle Grundlegung der Möglichkeit zur Dekontextualisierung, d.h. auf der Ebene empirischer Forschung müssen, im Sinne kontextualistischer Kritik, Phänomene zwar in spezifischen Kontexten zu untersuchen, ihre Zusammenhänge aber zu verallgemeinern sein. Im kritischen Realismus erkennen einige Autoren (SAYER 1985, 1991; SACK 1997; THRIFT 1990; LOVERING 1989) gegenwärtiger Raumkonzepte eine erkenntnistheoretische Alternative zum kartesischen Dilemma[96] des Dualismus von metaphysischem Objektivismus und relativistischem Subjektivismus.

Der kritische Realismus plaziert sich zwischen dem logischen Empirismus und dem Relativismus, wobei eine streng realistische Position als solche gar nicht identifizierbar ist[97]. Vielmehr handelt es sich um ein Cluster von je unterschiedlich betonten realistischen Standpunkten. Hauptvertreter des kritischen Realismus in der Geographie ist Andrew Sayer. Die Kernkonzepte realistischer Erkenntnistheorie lassen sich so darstellen:

Wahrheit. Der kritische Realismus folgt dem logischen Empirismus in der metaphysischen Behauptung einer subjektunabhängigen, objektiven, singulären Wirklichkeit. Ziel der Wissenschaft verbleiben die Erklärung und die Annä-

---

[95] Feyerabend, Paul (1997): Wider den Methodenzwang. - Frankfurt am Main; S. 21ff. (Englisches Original 1975)
[96] vgl. Häkli (1994: 4ff.)
[97] Häkli (1994: 11f.)

herung an die gegebene Wirklichkeit. Allerdings werden die Primate der Objektivität der Beobachtung und der Wahrheit revidiert. Nicht mehr die Korrespondenztheorie der Wahrheit wird angenommen, d.h. daß Beschreibung und Beobachtung die Wahrheit direkt repräsentieren, sondern eher pragmatische Konzepte der Wahrheit wie z.B. das Konzept der praktischen Adäquanz von Wahrheit[98]. Somit werden die Repräsentationsformen von Wirklichkeit weniger essentialistisch gefaßt, eine empirische Objektivität aber erhalten.

Kontingenzprinzip. Der Determinismus wird zugunsten des Prinzips der Kontingenz aufgegeben. Zwar steuert die Natur der Dinge über notwendige Beziehungen bestimmte Zusammenhänge, jedoch gibt es daneben kontingente Beziehungen, die unabhängige Relata verknüpfen können aber nicht müssen[99]. Damit führen die kritischen Realisten die Möglichkeit von Verschiedenheit systematisch ein und schließen den Determinismus als allzeitliche und -örtliche Reproduzierbarkeit von Zusammenhängen aus.

Abstrakte vs. konkrete Forschung. Sachverhalte bestehen in ihrer konkreten Beobachtung aus mannigfaltigen Aspekten. Abstraktionen von Sachverhalten sind Konzepte, die fokale Aspekte verallgemeinern. Um konkrete Sachverhalte verstehen zu können, müssen Abstraktionen wieder synthetisiert bzw. kontextualisiert werden[100].

Die Chancen einer kritisch realistischen Erkenntnisposition bestehen darin, daß die metatheoretische Kritik des Kontextualismus nunmehr objekttheortisch umsetzbar wird. Das bedeutet, daß durch die Behauptung des Kontingenzprinzips empirische Phänomene als kontextspezifisch und nicht allgemein determiniert anzusehen sind. Zugleich vermeidet der kritische Realismus einen radikalen Relativismus dadurch, daß alle empirischen Phänomene einer singulären Realität unterlegt sind. Diese stellt gewisse notwendige Bedingungen und Beziehungen, die unabhängig vom Verständnis des Menschen wirken. Darüber hinaus fundieren die Realisten die Möglichkeit der wissenschaftlichen Erklä-

---

[98] vgl. Sayer, Andrew (1992): Method in social science. A realist approach. - London (2.Aufl.); zitiert in Häkli (1994: 11)
[99] vgl. Sayer (1985: 49f.)
[100] vgl. Sayer (1985: 49f.)

rung in der Kausalität notwendiger und kontingenter Bedingungen und Beziehungen[101].

5.1.4 Zusammenfassung

Zur Rekonstruktion kontextualistischer Place-Konzepte ist es erforderlich, den wissenschaftsphilosophischen Diskurs der Empirismuskritik nachzuvollziehen. Kontextualistische Argumente weisen in Wissenschaftstheorie, -geschichte und -soziologie nach, daß wissenschaftliches Wissen und Vermuten in seinen Zusammenhängen der Entstehung, Begründung, Erklärung und Geltung nicht auf universelle Fundamente - logischer oder metaphysischer Art - rekurrieren kann. Dies impliziert eine Kritik der Metatheorien und negiert jeden Anspruch auf objektive Repräsentation von Wahrheit. Der Kontextualismus verfolgt jedoch keineswegs die Absicht, seine Kritik zu einem Relativismus zu radikalisieren, sondern plädiert zunächst nur für eine Aufwertung der Kontextspezifität wissenschaftlichen Erkennens. Eine wissenschaftstheoretische Umsetzung der Kontextsensibilität auf der Objektebene, d.h. auf der Ebene empirischer Phänomene, leistet der kritische Realismus. In der Behauptung einer subjektunabhängigen Realität beugt er metaphysisch dem Relativismus vor und bewahrt sich das Forschungsziel wissenschaftlicher Erklärungen. Zugleich aber ermöglicht der theoretische Entwurf des Kontingenzsprinzips das Spezifische. Ereignisse werden durch notwendige und kontingente Bedingungen verursacht, so daß sie in Abhängigkeit ihres Kontextes spezifische Formen annehmen. Damit ist die universelle Erklärung abhängig von der Kontingenz der zu erklärenden Phänomene: „When necessity in the world is discovered, we can make strong theoretical claims about it, by using abstractions to isolate necessity form the web of contingencies in which it usually exists. Where relations or conditions are contingent (...) abstract theory must remain agnostic about their form on any particular occasion or at least make claims about what might happen in them conditional upon an assumption about their existence." (SAYER 1985: 50) Die Eignung bestimmter Erklärungsmodelle hängt somit von der Qualität der Ursachen ab. Damit stellt sich die Frage, was unter einer wissenschaftlichen Erklärung, vor allem aber was unter Kausalität und dem Verhältnis von Ursache und Wirkung verstanden werden kann. Im nächsten Abschnitt 5.2 wird die

---

[101] vgl. Häkli (1994: 11f.)

Analyse von Kausalitätskonzepten als notwendig erachtet, um später die Existenz- und Kausalfunktion von Raum in den Raumkonzepten adäquat bestimmen zu können.

5.2 Kausalität und Erklärung

Welches Konzept der Kausalität kann dem Anspruch auf situiertes Erkennen (anstelle von Verstehen) genügen? Was bedeutet Kausalität und wie ist ein Konzept singulärer Kausalerklärung zu konstruieren?

[**Vorbemerkung**] Mit den wissenschaftsphilosophischen Umwälzungen des Kontextualismus und der Verteidigung situierten Wissens und vor allem Erklärens ist die Möglichkeit der konzeptionellen Erfassung singulärer Verursachung zu untersuchen und für eine kontextualistische Perspektive umzusetzen. Dem Verständnis dieser Möglichkeit ist allerdings eine grundsätzliche Untersuchung der Kausalität vorauszuschicken, denn das Prinzip der Verursachung und seine Beziehung zum Begriff des Gesetzes werden in der geographischen Literatur bis auf wenige Stellen, z.B. bei Nicholas Entrikin[102], wenig erörtert. Dies mag damit zusammenhängen, daß das Erklären (von Ursachen) als das Ziel der Erfahrungswissenschaften kaum in Frage gestellt wurde und wird.[103] Der metatheoretische Abgrenzungsversuch gegenüber universellen Erklärungen und Gesetzesableitungen erfordert es jedoch, die konzeptionellen Instrumente wissenschaftlichen Arbeitens anzupassen. Diese Anpassung impliziert eine Reflexion und Explikation von Konzepten wie Kausalität und Gesetz. Ein allgemeines Verständnis der Kausalität, eine Diskussion zentraler Definiens-Merkmale und eine Rekonstruktion der Erklärungstypen sind der Gegenstand dieses Abschnittes.

---

[102] Entrikin (1991: 109ff.)
[103] Vgl. Popper (1957). Die Zielfunktion der Erklärung als wissenschaftliches Projekt wird jedoch in pragmatischen Argumenten abgeschwächt. Anstelle Erklärung als Selbstzweck zu betrachten, habe die Wissenschaft als gesellschaftliche Institution mit der Erklärung als *Motiv* ihres Arbeitens einen Beitrag zur gesellschaflichen Praxis zu leisten. (Nierlich 1988: 5)

5.2.1 Einführung

Der Begriff der Kausalität bezeichnet eine bestimmte Relation von Ereignissen zueinander. Hinter ihr verbirgt sich „eine der möglichen Weisen, die Frage Warum mit einem Weil zu beantworten." (SPAEMANN 1994: 161). Mit Kausalität wird die Bedeutung der Aussage X verursacht Y zu klären versucht, wobei X als Ursache und Y als Wirkung bezeichnet werden.

Bis zur Begründung des Empirismus im 17. Jh. gründete die Idee der Kausalität auf der kausalen Notwendigkeit und bezog sich auf singuläre Ereignisse. Die kausale Notwendigkeit impliziert, daß auf Ereignisse der Art X mit Notwendigkeit solche der Art Y folgen.[104] Dieser Auffassung lag der Glaube an eine Art metaphysische Verbundenheit bestimmter Ereignisse zugrunde und wurde mit David Hume als Vater der neuzeitlichen Kausalitätsauffassung attackiert. Gegen die kausale Notwendigkeit setzt er das

Regularitätsprinzip: „Ist A Ursache von B, heißt dies, daß Ereignisse der Art B regelmäßig auf Ereignisse der Art A folgen." (STEGMÜLLER 1983: 513)

Die Argumentation wider kausale Notwendigkeit und für Regularität läßt sich zweifach dokumentieren:

Argument$_{\text{Hume}}$ „Als ein Mensch zum ersten Male die Mitteilung der Bewegung durch Stoß beobachtete, etwa beim Aufeinanderprall zweier Billiardbälle, konnte er nicht sagen, daß das eine Ereignis mit dem anderen verknüpft war, sondern nur, daß es mit ihm verbunden war. Hat er mehrere derartige Fälle beobachtet, erklärt er sie für verknüpft. Was hat sich so geändert, daß diese neue Vorstellung der Verknüpfung entstand? Nichts, außer daß er nun diese Ereignisse als in seiner Einbildungskraft verknüpft empfindet und ohne weiteres das Dasein des einen aus dem Auftreten des anderen vorhersagen kann." (HUME 1982: 100f.[105]) Man kann also nur Modellbeispiele von kausalen Vorgängen geben, da man nicht die kausale Notwendigkeit, sondern nur eine zeit-

---

[104] Stegmüller (1983: 511f.)
[105] Ersterscheinung im englischen Original 1758

liche Abfolge von Ereignissen sehen kann. Was wir also nicht beobachten, davon sollten wir auch nicht behaupten, wir hätten es beobachtet.[106]

Argument$_{STEGMÜLLER}$: Zwei Wissenschaftler X und Y formulieren je eine Klasse von Gesetzen. Die beiden Klassen unterscheiden sich nur dadurch, daß X behauptet: "und dies gilt mit Notwendigkeit". Im Ergebnis ergibt sich eine identische Klasse von synthetischen Sätzen, die aus beiden Klassen von Gesetzen gefolgert werden kann. Es existiert also kein Unterschied in der Konditionalaussage, sondern nur in der Art des beanspruchten Zusammenhanges, nämlich der Notwendigkeit. Sie ist also für die Operationen irrelevant.[107]

Hume argumentiert mit der psychologischen Hypothese der kognitiven Attribution von Ereignisverknüpfungen und Stegmüller rationalisiert die kausale Notwendigkeit als für Kausalaussagen irrelevant heraus. Von nun an steht die Beziehung von Ursache und Wirkung im Dienste der Erfahrung und ist von metaphysischen Verankerungen gelöst. Doch ist noch nicht so sehr viel über die Bedeutung der Aussage „X verursacht Y" gewonnen. Denn welches Ursache-Wirkungs-Verhältnis wird darunter verstanden? Lyon differenziert die möglichen Alternativen:

- „Alle und ausschließlich Ereignisse des Prädikates X verursachen Ereignisse des Prädikates Y oder
- Alle Ereignisse des Prädikates X verursachen Ereignisse des Prädikates Y, aber andere Ereignisse verursachen ebenfalls Ereignisse des Prädikates Y oder
- Einige Ereignisse des Prädikates X verursachen Ereignisse des Prädikates Y und einige nicht, während nur Ereignisse des Prädikates X Ereignisse des Prädikates Y verursachen oder
- Einige Ereignisse des Prädikates X verursachen Ereignisse des Prädikates Y und einige nicht, und andere Ereignisse verursachen ebenfalls Ereignisse des Prädikates Y." (LYON 1967: 5f.)

Mit Humes Kritik der kausalen Notwendigkeit und der Begründung der Regularität scheiden sich die Entwicklungstendenzen: Während die Naturwissen-

---

[106] Stegmüller (1983: 512)
[107] Stegmüller (1983: 514)

schaften im Zeichen des Empirismus die Idee der Regularität zum Konzept des Gesetzes fortentwickeln, diskutieren die Humanwissenschaften den Kausalitätsbegriff weiter im Zusammenhang der Erklärung menschlichen Handelns. Während Hume den Naturwissenschaften das Prinzip der Symmetrie von Ursache und Wirkung mit auf den Weg gibt, d.h. daß Ursache und Wirkung vertauschbar und unabhängig voneinander seien, sehen sich die Humanwissenschaften mit dem Problem ihrer Asymmetrie konfrontiert. Die Handlungsfolge (Wirkung) ist nicht unabhängig von Intention und Ausführung des menschlichen Handelns (Ursache) denkbar und kann nicht ihrerseits als Ursache des Handelns wirken: So ist es nicht denkbar, daß die Bewegung der Türklinke in gleicher Weise eine Bewegung der Hand auslöst, wie dies umgekehrt der Fall ist[108]. Spaemann unterscheidet begrifflich eine subjektive und eine objektive Tendenz der Kausalitätsentwicklung. Die objektive Tendenz führt zur Konzeption von Kausalgesetzen (DN-Erklärung und IS-Erklärung), während die subjektive zu Entwürfen singulärer Kausalerklärung führt.

5.2.2 Kausalität und deduktiv-nomologische Erklärung

Mit der Grundlegung von Kausalität auf dem Regularitätsprinzip liegt es nahe, die Konzepte des Gesetzes und der Erklärung zu entwickeln. Dahinter steht das Ziel, über die Zusammenhänge von Einzelereignissen ein Wissen über zukünftige Ereignisse gleicher Art zu erwerben oder anders gesagt, wahre Gesetze über feste Zusammenhänge zwischen Ereignissen einer gewissen Art mit Ereignissen einer anderen Art zu formulieren. Diese Überlegung tritt bereits Hume an und steuert so auf das Problem des Induktionsprinzips zu.

Induktionsprinzip. "Wenn eine große Anzahl A's unter einer großen Anzahl von Bedingungen beobachtet wird, und wenn alle diese beobachteten A's ohne Ausnahme die Eigenschaft B besitzen, dann besitzen alle A's die Eigenschaft B." (CHALMERS 1994: 10)

Hume formuliert das Problem der Induktion, d.h. der Möglichkeit aus Einzelbeobachtungen auf allgemeine Aussagen zu schließen, bereits selbst. Jedoch spaltet er die Diskussion in ein logisches und ein psychologisches Problem auf. Für das logische Problem kann er zeigen, daß es keinen logisch gültigen

---

[108] Spaemann (1994: 162)

positiven Beweis für die Induktion geben kann[109]. Dennoch erkennt Hume psychologisch an, daß die Macht der Gewohnheit dem Alltagsverstand die Induktion als wertvolles Instrument zur Hand reicht. Damit fällt er den irrationalen Entschluß, die logisch nicht begründbare Induktion erfahrungswissenschaftlich zu tolerieren. Popper vollzieht hingegen die vollständige Lösung des Problems durch das „Prinzip des Primats der logischen Lösung" (POPPER 1995a: 94). Durch eine Reformulierung des Induktionsproblems erklärt er es als obsolet und entwickelt alternativ das Prinzip der Falsifikation von Hypothesen eines Vermutungswissens[110].

Argumentation$_{POPPER}$. Menschliche Erkenntnis ist fehlbar, statt dessen besitzt der Mensch ein Vermutungswissen, das ihm Hypothesen und Theorien zur Verfügung stellt. Solche allgemeinen Hypothesen können durch eine Einzelbeobachtung nicht verifiziert werden, sehr wohl aber kann durch eine inkonsistente Einzelbeobachtung, die als wahr anerkannt wird, jene Hypothese widerlegt werden. „Die Logik zwingt uns, selbst das erfolgreichste Gesetz im gleichen Moment aufzugeben, wenn wir ein einziges Gegenbeispiel akzeptieren." (POPPER 1995a: 95)

Zurück zum Begriff der Ursache. Die Ausführungen über die Substitution der Induktion durch die Deduktion sind fundamental zur Definition der Kausalität und der Bestimmung des Verhältnisses zwischen Ursache und Wirkung. Denn dieses wird konzeptuell in die Logik des deduktiven Schließens und Erklärens eingebettet. Die Ursache wird nun definiert:

Ursache$_{STEGMÜLLER}$. „Unter der Ursache eines Ereignisses e soll die Totalität der Antecedensbedingungen einer adäquaten kausalen Erklärung von E verstanden werden", wobei „eine kausale Erklärung eine deduktiv-nomologische Erklärung [ist], für die mindestens ein deterministisches, quantitatives Ablaufgesetz benötigt wird und deren Antecedensereignis nicht später ist als das Explanandumereignis." (STEGMÜLLER 1983: 535)

---

[109] Chalmers gibt in der Folge einige Beispiele, die die Möglichkeit induktiven Schließens empirisch widerlegen. Ferner demonstriert er das Scheitern eines Beweisversuches der Induktion, der selbst induktiv und daher zirkulär ist: Das Induktionsprinzip hat in den Fällen A und B Erfolg gehabt, also gilt das Induktionsprinzip allgemein. Zur näheren Erörterung siehe Chalmers (1994: 19ff.)

[110] Popper (1995a: 85-102; 1995b: 1-13)

In der Formulierung „Totalität der Antecedensbedingungen" regelt Stegmüller, daß nicht nur sich ändernde Bedingungen, sondern auch die konstanten (Rahmen)Bedingungen explanatorisch als Ursache zu bezeichnen sind. Die Ansprache als eine oder *die* Ursache hängt eher vom Standpunkt des Erklärungsinteresses als von der Erklärungsqualität ab: „Wenn in der Fassung von Naturgesetzen Bedingungen für das Eintreten eines Ereignisses genannt werden, so ist die Auszeichnung einer dieser Bedingungen als Ursache und die Herabsetzung der anderen zu Randbedingungen nur eine Folge der subjektiven Interessensperspektive des Beobachters." (SPAEMANN 1994: 162).

Das präzise Verhältnis zwischen Ursache und Wirkung kann erst jetzt durch die Explikation der deduktiv-nomologischen Erklärung aufgeklärt werden. Sie wurde von Hempel/Oppenheim[111] entwickelt und wird daher auch häufig als H-O-Schema bezeichnet. Die Struktur der DN-Erklärung ist folgende:

Fig 8 Formales Modell der deduktiv-nomologischen Erklärung

Explanans	Gesetz	Immer wenn X die Eigenschaft A besitzt, dann besitzt X die Eigenschaft B
	Antecedensbedingung	a hat die Eigenschaft A (mit a ` X)
Explanandum	zu erklärendes Phänomen	a hat die Eigenschaft B (mit a ` X)

Das Explanans der DN-Erklärung wird durch ein Gesetz und die Totalität der Antecedensbedingungen gestellt. Ein Gesetz behauptet dabei die kausale Beziehung zweier Ereignisse in der Form eines universellen Ursache-Wirkungs-Verhältnisses[112]. Dieser gesetzesartige Zusammenhang zwischen Ursache und Wirkung sowie die erfüllte Antecedensbedingung (Ursache) lassen dann das Explanandum, die Wirkung, deduzieren. Der DN-Erklärungstyp legt somit zur Erklärung von singulären Ereignissen ein determiniertes Verhältnis zwischen Ursache und Wirkung fest, das sich in auf x folgt immer y explizieren

---

[111] Hempel, C.G. & Oppenheim, P. (1948): Studies in the Logic of Explanation - In: Philosophy of Sciene 15, S. 135-175
[112] Schnell/Hill/Esser (1995: 55)

läßt. Einige Autoren sehen in der Anbindung des Konzeptes der Kausalität an den Determinismus einen Trend dahingehend, weniger von Ursache und Wirkung zu sprechen, als von Funktionsmechanismen[113]: „Tendenziell zielt unser Begriff des Naturgesetzes auf Eliminierung des Ursachebegriffs. Jedes Naturgesetz höherer Allgemeinheit reduziert die Notwendigkeit, diesen Begriff zu verwenden. Es reduziert die Gegenstände, über die man sich wundert und die man deshalb zu erklären versucht" (SPAEMANN 1994: 162).

5.2.3 Probabilistische Erklärung

Da sich die streng deterministische Kausalität der DN-Erklärung nur auf die physische Welt anwenden läßt, im Zusammenhang mit der Erklärung menschlichen Verhaltens in den Sozialwissenschaften aber versagt, wird eine wahrscheinlichkeitstheoretische Lockerung des Kausalzusammenhangs vorgenommen[114]. Das Erklärungsmodell bleibt verfahrenstechnisch erhalten, jedoch werden statt deterministischer Gesetze probabilistische Aussagen verwendet (*Fig. 9*). Die Konsequenz ist, daß sich das Explanandum nun nicht mehr logisch aus dem Explanans deduzieren läßt[115].

Die strenge Fassung der Ursache-Wirkungs-Relation drückt sich nun so aus, daß auf x mit gewisser Wahrscheinlichkeit y folgt. Wenngleich das Regularitätsprinzip konzeptionell nicht mehr eingefordert wird, ist der forschungspraktische Gedanke der einer Überprüfung von (mit gewisser Wahrscheinlichkeit) allgemeinen Aussagen in der konkreten Beobachtung.

---

[113] vgl. auch Toulmin (1953: 124ff.)

[114] Während Vertreter der deterministischen Version von Kausalität die probabilistische Erklärung als nicht-kausal bezeichnen (Stegmüller 1983), behandeln Vertreter der singulären Kausalerklärung die gleiche als alternative Kausalerklärung zur DN-Erklärung (Woodward 1984; Lyon 1967). Dies untermauert nur die noch zu demonstrierende Umstrittenheit des Kausalitätskonzeptes.

[115] Schnell/Hill/Esser (1995: 64f.)

Fig 9   Formales Modell der probabilistischen Erklärung

Explanans	Probabilistische Aussage	Wenn X die Eigenschaft A besitzt, dann besitzt X mit *gewisser Wahrscheinlichkeit* die Eigenschaft B
	Antecedensbedingung	a hat die Eigenschaft A (mit a ` X)
Explanandum	zu erklärendes Phänomen	a hat die Eigenschaft B (mit a ` X)

[*Zwischenergebnis für DN/IS-Erklärungen*] Die bislang vorgelegte Entwicklung des Kausalitätsbegriffs fußt im wesentlichen auf dem Regularitäts- bzw. Konstanzprinzip[116] der Ursache-Wirkungs-Relation sowie der Substitution des Induktionsprinzips durch das logisch adäquate Deduktionsprinzip zur Grundlegung deduktiv-nomologischen Schließens aus deterministischen Gesetzen. Die probabilistische Erklärung ist zwar nicht mehr deterministisch, folgt aber methodologisch dem Falsifikationsprinzip, d.h. dem Ziel der Prüfung universellprobabilistischer Hypothesen. Für Popper liegen in dieser Auffassung von Kausalität die Wurzeln des Zieles empirischer Wissenschaften, „befriedigende Erklärungen" zu finden, nämlich solche, die ihre Explananda mittels universeller und falsifizierbarer Gesetze prüfen lassen[117].

5.2.4   Singuläre Kausalerklärung

[*Einführung*] Die Kritik an deterministischen und quasi-deterministischen Konzepten der Kausalität hat in den Sozialwissenschaften viele Stimmen und gründet im Kern auf die Unangemessenheit funktionaler Beziehungen zur Erklärung menschlich kontingenten, da intentionalen und lernfähigen Verhaltens. Die radikalste Form der Entgegnung auf diese Einsicht ist vermutlich die hermeneutisch begründete Erkenntnisperspektive, die nicht mehr das Erklären sozialer Prozesse, sondern das Verstehen selbiger zum zentralen Forschungsziel der Sozialwissenschaften erhebt. Nicht alle methodologischen und erkenntnistheoretischen Strömungen sind allerdings so radikal: Mit der erkennt-

---

[116] Hoppe (1983: 29f.)
[117] Popper (1957: 22f.)

nistheoretischen Begründung situierten Wissens erlischt bei den hier diskutierten Kontextualisten mit dem Anspruch allgemeiner Zusammenhänge nicht zugleich die Idee der Verursachung. Vielmehr werden Begründungsformen singulärer Kausalität gefordert, die dem Postulat kontextueller und spezifischer Ereignisse gerecht werden[118]. Diese subjektive Tendenz des Kausalitätskonzeptes stützt sich auf die Erfahrung des Bewirkens „als das Paradigma aller Kausalitätsvorstellungen des Common Sense und der auf die Antike zurückgehenden Tradition" (SPAEMANN 1994: 162). Es sei zunächst der Ansatz von Lyon (1967) verfolgt, den Ursachebegriff alternativ zu fassen, um auf die konzeptionelle Kritik an den DN- und IS-Erklärungen aufmerksam zu werden. Anschließend wird die Theorie der singulären Kausalerklärung von Woodward (1984) dargestellt.

[*Lyons Formaldefinition der Ursache*] Ardon Lyon verfolgt das Ziel, einen offenen Entwurf von Kausalität für pragmatische Zwecke zu entwickeln. Auch er rekurriert auf Humes Regularitätsprinzip und kritisiert dieses - und das auf seiner Grundlage entwickelte Determinismusprinzip - als zu eingeschränkt hinsichtlich zweier Argumente:

Position$_{\text{LYON}}$: (1) Die statistische Kovariation der Prädikate zweier Merkmale oder Objekte kann Zufall oder Resultat einer allgemeineren Ursache sein und (2) X kann Ursache von Y sein, ohne daß die beiden kovariieren[119].

Während (1) Position gegen die probabilistische Erklärung bezieht, behauptet (2) die Eingeschränktheit der DN-Erklärung bzw. des Determinismus. Da die statistische Kovariation keine immanente Aussage über die Kausalität impliziere und damit nicht zur Bedingung der Bedeutung von Ursache herangezogen werden könne, wählt Lyon die singuläre Kausalaussage zur Grundlegung einer allgemeinen Definition von Ursache[120]. Diese solle definieren, was die Aussage bedeute, ein singuläres Ereignis verursacht ein anderes singuläres Ereignis. Lyon argumentiert für eine formale Definition der Bedeutung der Aussage a verursacht x mit einem dreiteiligen Definiens, das in der Form von Bedingungen formuliert wird:

---

[118] Entrikin (1991: 109f.)
[119] Lyon (1967: 4)
[120] Lyon (1967: 5)

Condition 1. „a was a cause of x means 'In a situation where an event x was preceded by a set of events a, b, c, d, e, . . . etc., if all the events b, c, d, e, . . . etc. other than a had occurred and a had not occurred, then x would not have occurred.'" (LYON 1967: 8.)

In dieser Kondition legt Lyon das kontrafaktische Argument als Kriterium einer Ursache fest. Diese kontrafaktische Begründung der Ursache sieht folgendermaßen aus: a kann nur als Ursache von x gelten, wenn ohne das Auftreten von a nicht x eingetreten wäre. Woodward wird diese Begründungsweise später die What-if-things-had-been-different-question oder einfach W-Frage nennen[121]. Sie wird später eingehender anhand seiner Theorie erläutert. In der Bedingung

Condition ω. „'a is not a precondition of x (i.e. it is not the case that, if a had not occurred, then it would have been logically improper to say without further explanation either that x occurred or that x did not occur).'" (LYON 1967: 12)

trifft Lyon den notwendigen Unterschied zwischen Bedingungen und Vorbedingungen oder Voraussetzungen. Ein Ereignis a kann nicht als Ursache für das Auftreten eines Ereignisses x fungieren, wenn es eine Vorbedingung ist. Eine Vorbedingung ist ein Ereignis im Gegensatz zur Bedingung dann, wenn es aus logischen und nicht kausalen Gründen dem zu bewirkenden Ereignis vorausgesetzt ist. Anschaulich wird dies an folgendem Beispiel: Wenn Jones gestern nicht dem Bus hätte ausweichen können, hätte er heute keine Tuberkulose. Offensichtlich ist das dem-Bus-Ausweichen keine Ursache der Krankheit, jedoch ist das Am-Leben-Sein die notwendige (logische) Voraussetzung und Möglichkeit, um überhaupt Tuberkulose zu bekommen[122]. Die Kondition ω bezeichnet somit eine notwendige Bedingung eines Ereignisses, um als Ursache kontrafaktisch geprüft werden zu können. Die dritte Bedingung

Condition 2. „'In a situation where an event x was preceded by a set of events, a, b, c, d, e, . . . etc., then there is at least one event b such that, with all other events remaining as before:

---

[121] Woodward (1984: 236).
[122] Lyon (1967: 12). Das Beispiel kennzeichnet die Plausibilität einer solchen Unterscheidung zwischen Vorbedingungen und Bedingungen, um den Ursachebegriff nicht völlig auszuhöhlen und trivial werden zu lassen.

both (i) if neither a nor b occurred, x would not have occurred,
and (ii) if b had occurred and a not, then x would have occurred,
but also (iii) if a had occurred and b not, then x would have occurred."[123]

regelt die Behandlung von Ereignissen im Falle multipler Verursachung. Aus jeder Folge von Ereignissen, die einem zu erklärenden Ereignis vorausgehen und als mögliche Ursachen in Frage kommen, gibt es mindestens ein Ereignis, das als hinreichende Bedingung für das Auftreten von x anzusprechen ist. Unter sonst konstanten Bedingungen (ii) ist immer ein Ereignis b zu finden, daß durch sein Auftreten x allein verursacht (und daher hinreichend ist) und (iii) durch sein Ausbleiben ein anderes Ereignis a als hinreichend funktionieren läßt, vorausgesetzt x ist eingetreten. Tritt keines der beiden Ereignisse als hinreichend auf, so würde x nicht verursacht (i). Anhand dieser Bedingungen legt Lyon eine vollständige Definition der Ursache im weiten Sinne vor:

Ursache$_{\text{LYON}}$. 'a caused x' = Condition $\omega \wedge$ (Condition 1 $\vee$ Condition 2)[124]

Die Bedingungen 1 und 2 sind alternative hinreichende Bedingungen in der Konjunktion ($\wedge$) mit der Bedingung ω, die im Definiens als notwendig steht. In der Praxis ist Kondition ω logisch zu prüfen (kommt ein Ereignis aus logischen Gründen nicht als Ursache in Betracht?), die Konditionen 1 und 2 sind empirisch zu prüfen; Kondition 1 durch kontrafaktische Wiederholung und Kondition 2 durch sukzessive Variation von stets einer potentiellen Ursache.

Lyons Definition dokumentiert den Versuch, einen allgemeinen, erkenntnistheoretisch indifferenten Ursachebegriff formal zu bestimmen. Er gestattet nunmehr als paradigmatische Einschränkung die Spezifikation zum deterministischen Kausalitätskonzept der DN-Erklärung, zur quasi-deterministischen Kausalität der IS-Erklärung und zur singulären Kausalitätserklärung, wie sie in einem Versuch von Woodward vorgelegt wird. Lyons Ursache ist kontrafak-

---

[123] Lyon (1967: 16)
[124] Lyon (1967: 16). Anmerkung zur Formalsprache: Die Verknüpfungszeichen der Konditionen in der Definition sind Junktoren. Eine Konjunktion wird durch '$\wedge$' symbolisiert und bedeutet eine Und-Verknüpfung, während die Disjunktion durch '$\vee$' symbolisiert wird und eine Oder-Verknüpfung bezeichnet. 'oder' bedeutet hier, daß mindestens eine der beiden Konditionen erfüllt sein muß.

tisch, indeterministisch und logisch der Möglichkeit seiner Wirkung vorausgesetzt.

[*Woodwards Theorie der singulären Kausalerklärung*] James Woodward sieht sich bei seinem Entwurf einer Theorie der singulären Kausalerklärung (1984) der Kritik der deduktiv-nomologischen Schule der Erklärung, im englischen Sprachraum schlicht als scientific explanation bezeichnet, ausgesetzt. Stegmüller z.B. erkennt in singulären Kausalsätzen nur rudimentäre kausale Erklärungen, d.h. „unbeholfene Versuche, bestimmte Phänomene kausal zu erklären" (STEGMÜLLER 1983: 503). Die Unmöglichkeit einer singulären Kausalerklärung (SKE) formuliert Hempel, indem er fragt, wie eine vollständige Erklärung eines einzelnen Ereignisses, z.B. dem Ausbruch des Vesuvs 79 v.Chr. möglich sei:

„What could be meant, in this case by a complete explanation? Presumably, one that accounts for every aspect of the given event. If that is the idea, then indeed no concrete event has finitely many different aspects and thus cannot even be completely described, let alone completely explained. For example, a complete description of the eruption of Mt. Vesuvius in A.D: 79 would have to specify the exact time of its occurrence; the path of the lava stream as well as its physical and chemical characteristics - including temperatures, pressures, densities, at every point - and their changes in the course of time; the most minute details of the destruction wreaked upon Pompeii and Herculaneum. Indeed, there seems to be no clear and satisfactory way at all of separating off some class of facts that do not constitute aspects of the concrete event here referred to. Clearly then, it is quite pointless to ask for a complete explanation of an individual event thus understood".[125]

Gerade aber das Ziel von Woodward ist es, eine SKE theoretisch zu begründen, und zwar mit den Ansprüchen, (1) diese im Rahmen einer allgemeinen Theorie der Warum-Erklärungen zu entwickeln und (2) dabei nur solche Kriterien zugrundezulegen, die zwar epistemologisch fundiert, vor allem aber dem alltäglichen Nutzer von Erklärungen verständlich seien.[126] Bevor die Replik Woodwards auf die Negation singulärer Kausalerklärung durch Hempel nachvollzogen wird, gilt es, seine Darstellung einer allgemeinen Kausaltheorie sowie

---

[125] Hempel, C. (1965): Aspects of Scientific Explanation. - New York, S. 421-22, zitiert nach Woodward (1984: 260)
[126] Woodward (1984: 233)

seine Argumentation für die SKE zu rekonstruieren. Woodward geht dabei von einer singulären Kausalaussage des Typs

> (α) Der Kurzschluß verursachte das Feuer[127]

aus, für die der Nachweis zu erbringen ist, daß sie die zwei zentralen Kriterien einer Kausalerklärung erfüllt: (i) Die Beantwortung der W-Frage sowie (ii) das Substitutionsprinzip und die extensionale Qualität des Explanandums. Die beiden Argumente werden folgend skizziert.

Zur W-Frage: Die Aussage (α) erhebt einen kontrafaktischen Anspruch, d.h. wäre a (Kurzschluß) nicht gewesen, wäre x (Feuer) nicht passiert. Sie sagt z.B. nicht aus, daß x unter der Bedingung a sicher oder wahrscheinlich war. Der Gehalt der Aussage besteht also darin, daß a einen Unterschied für das Auftreten von x gemacht hat. (α) identifiziert damit zwei implizite Ereignisse: Das Auftreten/Nicht-Auftreten des Feuers, sowie zwei Bedingungen, das Auftreten/Nicht-Auftreten eines Kurzschlusses. (α) antwortet damit auf eine what-if-things-had-been-different-question bzw. die W-Frage. Alle Erklärungsmodelle - auch die DN- und IS-Erklärungen - prüfen ihre Ursache kontrafaktisch und antworten auf die W-Frage[128], so daß sie als das zentrale Kriterium der Kausalerklärung aufzufassen ist. Diese Forderung provoziert das Dementi der Vertreter der DN-Erklärung, denn sie argumentieren, daß nur die Form „X's being A causes Y's being B" erklärend sei[129]. Dahinter steht der Erklärungsanspruch, die gesetzmäßige Beziehung zwischen Prädikaten bzw. Eigenschaften von Ereignissen zu erklären. Dies ist hier jedoch nicht Gegenstand der Frage: Stattdessen fordert Woodward eine analytische Unterscheidung des Explanandums, also dessen, was erklärt wird, und der Voraussetzung:

> (β) Der Kurzschluß verursachte ein purpurrotes Feuer (erklärt kausal, warum ein purpurrotes Feuer auftrat)

---

[127] „The short circuit caused the fire" (Woodward 1984: 231)
[128] Woodward (1984: 237)
[129] Dies ist die Formulierung der DN-Erklärung (vgl. a.a.O): Immer wenn x die Eigenschaft A hat, hat x die Eigenschaft B. Der kausale Zusammenhang bezieht sich also nicht auf das Auftreten eines a ` x, sondern auf die Prädikate A und B von einem a ` x, wobei A(x) B(x) impliziert bzw. verursacht. Dieser Unterschied ist konstitutiv für Woodwards Argumentation.

(γ) Die Anwesenheit von Kaliumsalz verursachte die purpurrote Farbe des Feuers (erklärt kausal, warum das Feuer purpurrot war)[130]

Während (β) das Auftreten des Ereignisses Feuer erklärt, setzt (γ) das Feuer voraus und erklärt stattdessen das Ereignis der purpurroten Farbe des Feuers. (β) setzt dafür die Farbe des Feuers voraus, ebenso wie dies für (α) gilt. Soweit halten wir das erste Ergebnis fest: Eine Kausalerklärung beantwortet die W-Frage über die kontrafaktische Perspektive des Alternativereignisses und nicht die Frage, warum ein Ereignis eine bestimmte Eigenschaft hat. Wie nun werden Explanandum und Voraussetzung strukturell dissoziierbar? Woodward bestimmt zu diesem Zweck nach Dretske[131] das Prinzip der Kontrastperspektive (contrastive focus). Es sei an einem Beispiel erläutert:

(a) Why did Clyde lend Alex $300?
(b) Why did Clyde lend Alex $300 (rather than some other amount)?
(c) Why Clyde did lend (rather than e.g. give) Alex $300?
(d) Why did Clyde (rather than someone else) lend Alex $300?

Das Erklären von (a) ist nur durch die Kontrastierung mit einer spezifischen Alternative möglich. So kann man z.B. (a) in der Konstruktion von (c) nur im Kontrast des Gebens oder Leihens erklären. Da die explikatorische Aufgabe darauf beschränkt werden kann, kann man (c) auch erklären, ohne (b) und (d) erklären zu müssen. Es ist nicht einmal notwendig, daß (b) oder (d) überhaupt erklärbar sind. Die Erklärung von (a) im Interesse von (c) ist daher nicht unvollständig[132].

Die Unterscheidung von Explanandum und Voraussetzung durch die Kontrastperspektive impliziert die Entwicklung des zweiten Kriteriums, nämlich der extensionalen[133] Qualität der SKE im Explanandum. Die Extensionalität folgt aus dem Substitutionsprinzip individueller Ereignisse auf der Wirkungsseite der

---

[130] Woodward (1984: 234)
[131] Dretske, F. (1973): Contrastive Statements. - In: Philosophical Review 82, S. 411-437, zitiert nach Woodward (1984: 246)
[132] Woodward (1984: 247)
[133] Die Intension bezeichnet die Gesamtheit der Merkmale, die einen Begriff definieren. Die Extension eines Begriffes kennzeichnet die Gesamtzahl aller Einzeldinge, die die Merkmale des Begriffes tragen (vgl. Zoglauer 1997: 74)

Kausalerklärung, d.h. die Vertauschbarkeit eines Explanandums a durch b, wenn a=b. Beispiel:

(α) Der Kurzschluß verursachte das Feuer
(δ) Das Feuer war ein purpurrotes, seltsam geformtes Feuer
(ε) Der Kurzschluß verursachte ein purpurrotes, seltsam geformtes Feuer

Das Auftreten des purpurnen, seltsam geformten Feuers ist das gleiche Auftreten wie in (α). Erklärt wird in (ε) nicht, warum das Feuer so oder so beschaffen ist, sondern nur sein Auftreten. Daraus folgt die Annahme: „I would maintain that we may regard the suggestion that singular causal explanations like [α] obey such a substitution principle as explicating part of what is meant by the claim that such explanations genuinely explain the occurrence of particular events rather than why those events possess certain properties" (WOODWARD 1984: 236).

[*Konklusion*] Damit sind die wesentlichen Argumente entwickelt, die Woodward dem Hempelschen Problem mit der SKE entgegenhalten kann. Zuvor seien die Komponenten der Theorie der singulären Kausalerklärung resümiert: Eine allgemeine Kausaltheorie fordert die Beantwortung der W-Frage, d.h. des kontrafaktischen Arguments, ob ein Ereignis y eingetreten wäre, hätte sich ein Ereignis x nicht zuvor eingestellt. Hingegen erfordert sie nicht die Erklärung, warum Ereignisse bestimmte Prädikate haben. Diese analytische Trennung befreit die SKE von dem Zwang deduktiv-nomologischer Erklärung. Die Dissoziation von Explanandum und Voraussetzung (Prädikat) wird durch die Kontrastperspektive ermöglicht. Das Explanandum wird bestimmt durch die Kontrastierung des aktuellen Ereignisses gegenüber seinem spezifischen Alternativereignis. Woodward faßt die SKE so:

„I want to suggest (...) that we think of [α] as explanatory precisely because it contains the sort of counter-factual information and answers the w-question described above. Singular causal explanations wear the source of their explanatory efficacy on their face - they explain not because they tacitly invoke a „hidden" law or statement of sufficient conditions, but because they identify conditions such that changes in these conditions would make a difference for whether the explanandum-phenomenon or some specified alternatives to it would ensue." (WOODWARD 1984: 237)

Die Lösung des Hempelschen Dilemmas formuliert Woodward schließlich so:

„My account of singular causal explanation avoids Hempel's dilemma because it rejects the claim that singular explanation is covering-law explanation. On my account, we explain an eruption or abdication (or better, the occurrence of these events) by finding a factor which accounts (...) for the contrast between the actual situation and a specific alternative situation in which no eruption or abdication occurs. So what we explain is the occurrence of the particular event - the eruption of Mt. Vesuvius in 79 A.D. - and not why this event lasted for so many hours or had some other property, but of course explaining why this event has all of the properties it has." (WOODWARD 1984: 260f.)

5.2.5 Zusammenfassung

Es sind ausgehend von dem Kausalitätsproblem der Aufklärung die konzeptionellen Argumente zweier Entwicklungen des Kausalitätsverständnisses skizziert worden. Ziel der Darstellung war die Analyse der Bestimmungsmerkmale von Kausalität in ihren jeweiligen Paradigmen. Der IS-Erklärung wurde keine große Aufmerksamkeit geschenkt, da die Problemstellung in der Suche nach der Möglichkeit partikularer Kausalerklärungen im Gegensatz zu universellen DN-Erklärungen lag. Die strenge Bestimmung der determinsitischen Ursache-Wirkungs-Relation wurde aus der Weiterentwicklung des Regularitätsprinzips rekonstruiert, seine Funktion in der deduktiv-nomologischen Erklärung von Einzelereignissen veranschaulicht. Wesentliches Merkmal ist die Deduktion gesetzesartiger Beziehungen zwischen Prädikaten von Ereignissen und nicht von Ereignissen selbst. Im formalen Ursachebegriff des Alltagsgebrauchs von Ardon Lyon sind die allgemeinen Merkmale der Kausalität identifiziert worden. Eine Ursache-Wirkungs-Relation wird kontrafaktisch bestimmt, eine Ursache ist immer Bedingung (und nicht Vorbedingung) und für jedes Explanandum läßt sich eine hinreichende Ursache finden. Mit der Theorie der singulären Kausalerklärung wurde ein Versuch unternommen, das Erklären von Einzelereignissen nicht auf der Grundlage apriorischer Gesetzesannahmen zu leisten, sondern eine partikulare Form der Erklärung zu entwickeln. Die Ursache-Wirkungs-Relation ist nicht deterministisch, sondern wird kontrastiv bestimmt, und das Explanandum ist nicht das Warum von Prädikaten eines Ereignisses, sondern das Warum des Auftretens des Ereignisses selbst auf der Basis kontrafaktischer Betrachtung. Mit Woodwards SKE wird damit ein kohärentes Kausalitätskonzept vorgelegt, das dem erkenntnistheoretischen Anspruch der Situiertheit allen Wissens gerecht wird und die Möglichkeit zur Erklärung des Lokalen, Spezifischen eröffnet, ohne auf den universellen Determinismus zurückzugreifen. Für die Interessen der Geographie ordnet Entrikin die singuläre Kausalerklärung auf einem epistemologischen Kontinuum zwischen DN-Erklärung und hermeneutischem Verstehen ein und weist ihr eine eigene logische Position zu[134]. Die Anforderungen einer kontextuellen Geographie, die kausale Argumente in den Place-Forschungen verwendet, selten aber gesetzmäßige Verallgemeinerungen formulieren kann, werden durch die Möglichkeit der theoretisch begründeten singulären Kausalerklärung erfüllt.

---

[134] Entrikin (1991: 109)

6 Kontextualistischer Raum und Placeforschung

Ist es möglich, Raum/Ort alternativ zu substantialistischen bzw. relationalen Konzeptionsweisen zu denken? Welche alternativen Konzepte existieren und welche Funktion besitzen sie in der geographischen Forschung?

[*Vorbemerkung*] Unter diesem Kapitel werden gegenwärtige angelsächsische Raumkonzepte mit ihren jeweiligen Forschungsprogrammen vorgestellt und diskutiert. Die zentrale Frage dabei ist, mit welchen konzeptionellen Überlegungen Raum als geographisch relevanter Begriff gedacht werden kann, ohne auf eine Seite des Dualismus von absoluten und relativen Raumkonzeptionen zu gelangen. In welchen Zusammenhang werden Raum und Soziales sowie Raum und Geographie gedacht? Im folgenden werden epistemologische (6.1) von objekttheoretischen Argumentationen (6.2) unterschieden. Eine Pointierung der Aussagen wird in Abschnitt 6.3 geleistet.

6.1 *Epistemologische Kontextmodelle von Raum/Ort*

[*Vorbemerkung*] Unter dem Titel epistemologischer Kontextmodelle des Ortes werden in diesem Abschnitt die Konzeptionen von Andrew Sayer und Robert Sack diskutiert. Sie werden deshalb von objekttheoretischen Konzepten unterschieden, weil die erkenntnistheoretische Perspektive des Realismus ihren gemeinsamen Nenner darstellt, während die Strukturationsvertreter über eine realistische Metaperspektive hinaus im Rahmen der Strukturationstheorie auf der Objektebene argumentieren.

6.1.1 Andrew Sayer: Raum als Kontingator

[*Raum und ontologischer Status*] Andrew Sayer operationalisiert den von Bhaskar entwickelten kritischen Realismus für die Geographie und eröffnet auf diese Weise eine Argumentation für die Bedeutung von Raum im sozialwissenschaftlichen Forschen. Die Kernargumente für the difference that space makes (1985) leitet er direkt aus der realistischen Erkenntnisposition ab. Zunächst distanziert sich Sayer vom Konzept des absoluten Raumes: Die Annahme absoluter Existenz von Raum in Gestalt von Leere ist inkohärent, denn was leer ist, ist nichts und was nichts ist, kann nicht sein und schon gar nicht kausal wirken wie z.B. in der Form von Distanzeffekten oft behauptet[135]. Von der Reduktion des Raumes auf die rein idealistische Relationierungsmöglichkeit von Phänomenen, wie sie dem relativen bzw. relationalen Raumkonzept zugrunde liegt, distanziert sich Sayer ferner mit folgendem Argument:

Argument$_{SAYER}$. Durch die Reduktion des Raumes auf den Status einer kognitiven Ordnungsform wird der Kraft des qualitativen Unterscheidens von Sachverhalten durch den Raum nicht Rechnung getragen. Der Beweis wird durch die Räumlichkeit folgender Buchstaben in einem Gedankenexperiment angetreten:

A B C

P Q R

„The spatial relations of B to A and C, and Q to P and R are exactly equivalent: swapping B with Q would not change this spatial relation of 'between-ness', though depending on what kind of things the letters represent, the moves might trigger off or block certain causal mechanisms possessed by those objects. In other words, although space can only exist in and through objects, it is dependent of the particular types of object present." (SAYER 1985: 52)

Die Erläuterung dieses Beispiels formuliert Sayer sehr knapp. In seinem Sinne ist wahrscheinlich beabsichtigt zu demonstrieren, daß räumliche Beziehungen zwischen Objekten über die Möglichkeit eines kausalen Effektes zwischen diesen vorentscheiden. Die räumliche Relation ist damit nicht allein idealistisch als ordnend, sondern vor allem naturalistisch als bedingend aufzufassen. Vielleicht kann eine konkrete Anwendung des abstrakten Beispiels weiterhelfen: Angenommen A, B, C und P, Q, R seien Individuen zweier Populationen unterschiedlichen Geschlechtes und jede Population gegenüber der anderen räumlich absent. Dann wäre B nur in Kopräsenz mit P und R biologisch reproduktionsfähig, Q nur mit A und C Es macht mit Sayer dann sehr wohl einen Unterschied, zwischen welchen Objekten räumliche Nähe/Ferne besteht. Ein weiteres Argument Sayers benutzt die gleiche Überlegung:

---

[135] vgl. Sayer (1985: 51)

Argument~SAYER~: „If there is a major spatial variation in a condition which does affect the outcome of the experiment - for example, a strong anomaly in the earth's gravitational field in the pendulum experiment - the space will make a difference" (SAYER 1985: 56) Anders formuliert: Raum macht einen Unterschied, weil die räumliche Variation einer Bedingung das Ergebnis des Ereignisses beeinflußt oder beeinflussen kann.

Dieses Argument erscheint zunächst unglücklich, denn die Behauptung der Bedeutung des Raumes durch seine räumliche Variation ist formal tautologisch. Sie erlaubt keinen Schluß auf die Qualität des Raumes, sondern lediglich auf die Veränderbarkeit von Objekten und körpervermittelten Sachverhalten. Welche Schlußfolgerung zieht Sayer aus seiner Argumentation hinsichtlich des Status von Raum für sozialwissenschaftliche Forschung? In Konsistenz mit der realistischen Unterscheidung von notwendigen und kontingenten Beziehungen leitet er Raum als Kontingenzfaktor ab:

> **Raum**~SAYER~: Raum (und Zeit) sind die Bedingung der Möglichkeit zu Kontingenz. Die Wirkungen kausaler Mechanismen sind nicht universal, sondern hängen von der Form der Bedingungen, d.h. vom Kontext in der Raum/Zeit ab. Die räumliche Relation an sich kann keinen Effekt haben und keine Differenz verursachen[136]. Die Bedeutung des Raumes ist vielmehr darin zu sehen, daß sich aus ihm die Chance unterschiedlicher Kontexte erst ergibt, wobei Kontexte immer räumliche Formen haben[137].

Sayers Argumentation zielt damit explizit nicht auf einen Raumessentialismus, sondern auf eine Abstimmung realistischer Philosophie mit der Konzeption empirischer Forschung. Durch die Verknüpfung von Raum (und Zeit) mit dem Prinzip der Kontingenz schafft er die Grundlage zur Unterscheidung zweier Forschungsarten: Während in der abstrakten Forschung notwendige Bedingungen und Beziehungen identifiziert werden, erfaßt die konkrete Forschung kontingente Bedingungen/Beziehungen[138]. Die Abstraktion entspricht einer Dekontextualisierung, d.h. bei Sayer einer Isolation des Notwendigen aus seiner

---

[136] vgl. Sayer (1985: 52, 55)
[137] vgl. Sayer (1985: 57)
[138] Zur Erläuterung der realistischen Terminologie siehe auch Kapitel 5.1.3

Situiertheit in der Raum/Zeit, dem spezifischen Kontext. Das Konkrete entspricht dem Kontext der spezifischen Verknüpfung notwendiger und kontingenter Bedingungen/Beziehungen. Diese Unterscheidung legt die Frage nahe, ob nun generelle Prozesse und Strukturen in einzelnen Kontexten nur modifiziert, ob sie stets im Kontext reproduziert werden oder ob nicht etwa die Prozesse überhaupt geographisch spezifisch und nicht allgemein und damit kontext-abhängige Prozesse sind[139].

[*Raum und Kontext*] Diese Probleme führen zu der Frage: „how far, or at what depth, are social structures and processes context-dependent?" (SAYER 1989: 255) Es impliziert zugleich die Frage nach der Bedeutung geographischer Spezifität in der Sozialforschung. Die Antwort auf diese Frage findet Sayer in den Forschungsgegenständen selbst. Es läßt sich nicht a priori festlegen, welche Form der Erklärung die adäquate ist. Kontextuelle und nomologische bzw. kompositionale[140] Ansätze sollten nicht als kompetitiv, sondern als Extreme eines Kontinuums der Erklärung angesehen werden[141]. Die ontologische Qualität der Objekte oder Phänomene bestimmt somit, welcher Erklärungstyp der geeignetere ist. Die Kontextspezifität der Explananda regelt die Wahl des Erklärungansatzes[142]. Sayer veranschaulicht diese Auffassung so: Nomologische Ansätze sind erfolgreich in Beziehung zu Phänomenen, die höchst kontextunabhängig sind. Wenn etwas mehr kontext-abhängig ist, d.h. wenn die Anzahl der Randbedingungen, von denen das Phänomen abhängt, komplexer ist, dann ist es an anderer Stelle zu anderer Zeit weniger wahrscheinlich reproduzierbar. Politische Ideologien sind z.B. höchst kontext-abhängig. Im Bereich der Sozialwissenschaften gibt es wenige transhistorische Phänomene wie z.B. das Bedürfnis nach materieller Produktion oder Sprache[143]. Die Annahme rein universeller bzw. rein kontextspezifischer Phänomene ist als unwahrscheinlich anzunehmen.

---

[139] vgl. Sayer (1989: 255). Diese Frage wird innerhalb der *New Regional Geography* unterschiedlich beantwortet, so daß alle Varianten der Erkenntnisposition innerhalb des Kontinuums eingenommen werden. vgl. auch Sunley (1996: 339)

[140] Philo (1989: 173), Thrift (1983)

[141] vgl. Sayer (1989: 259). Zu dem ähnlichen Ergebnis kommen auch Entrikin (1991) und Sack (1997).

[142] vgl. Sayer (1991: 288)

[143] vgl. Sayer (1991: 288)

Welche Bedeutung hat der Raum in dieser Diskussion für die Art der Erklärung? Entgegen Autoren wie Entrikin (1991) und Sack (1997) trennt Sayer sehr scharf zwischen der Maßstabsebene von Raum und dem Kontinuum allgemeinen und kontextuellen Erklärens. Vor dem Hintergrund eines beobachteten commonsense in der Locality Forschung expliziert Sayer:

„(...) contrary to common assumption, we should note that the contextualising - nomological continuum is not necessarily related to scale. This has been particularly prevalent in thinking about localities. As soon as one says that a certain kind of behaviour depends on context it is assumed that this can only mean a local context; that is it implies the following alignment of dualisms

global   -   local
  | |
nomological - contextual

However, the context may be simultaneously local, national, and global. (...) It follows from this that contextualising approaches cannot be tarred with the brush of parochialism - at least not on a priori grounds - as some critics imply, though some studies may indeed be guilty of ignoring supralocal contexts." (SAYER 1991: 289)

Der Kontext ist damit nicht als Synonym für Place zu wählen, sondern definiert sich maßstabsunabhängig allein über den Handlungskontext. Diese Unterscheidung ist sehr bedeutsam, denn damit erliegt Sayer nicht der Gefahr einer Hypostasierung des Raumes über den Erkenntnis- bzw. Erklärungsdiskurs. Für ihn impliziert die Körperlichkeit der Menschen bzw. die Körpervermitteltheit menschlichen Interagierens ein räumlich vermitteltes Kontingenzprinzip. Dies hat jedoch weniger Implikationen für den Raum als vielmehr für den Forschungsansatz. Im Rahmen eines Erklärungskontinuums entscheidet die Kontextspezifität bzw. Kontextinvarianz von Ereignissen über den Erklärungsansatz. Der Raum bezeichnet nur die Möglichkeit der Kontingenz und erfährt insofern Bedeutung, nicht aber als unabhängiges Reales oder Agierendes. Die Beziehung zwischen Raum und Ort/Place ist eine maßstabsspezifische. Die räumliche Dimension ist nicht koinzident mit der Erklärungsdimension. Raum wird nicht über Place als Kontext definiert, sondern Raum ermöglicht Kontext.

6.1.2 Robert Sack: Rahmenentwurf über den Homo Geographicus

[*Vorbemerkung*] Kürzlich hat Robert D. Sack einen Entwurf zur wissenschaftlichen Geographie vorgelegt, dessen Titel *Homo Geographicus* (1997) Zeichen des umfassenden Anspruches der Disziplin dokumentieren soll. Sacks Entwurf sei hier wegen seiner Aktualität und der radikalen Bedeutung von Raum etwas ausführlicher dargelegt. Den Entwurf stellt der Autor unter das Paradigma eines kritischen Realismus[144]. Die Arbeit steht nach Aussage Sacks in der Tradition seines Bemühens zu zeigen, daß Geographie eine Kraft ist: „This work, as a part of my continuing efforts to understand how geography is a force, builds on issues I have investigated before" (Acknowledgements). Diesem Motiv folgend entwickelt er eine relationale Rahmenkonzeption der Geographie, die die geographische Seinsform des Menschen und deren empirische und moralische Implikationen explizit zu machen versucht. Aufgrund der tiefen Einbettung des Raumverständnisses in das Gesamtkonzept sei dieses vorweg grob erläutert.

[*Rahmenkonzeption*] Der theoretische Entwurf operiert auf der Grundlage von vier Faktoren: Kräfte, Perspektiven, Selbst und Raum/Ort (*Fig. 10*). Die Kräfte sind ontologisch zu verstehen und werden durch Natur, Sinn/Bedeutung und das Soziale repräsentiert[145]. Sie werden zugleich als Reiche (realms) bezeichnet. Raum/Ort und auch das Selbst können ferner als Kräfte agieren. Diese Reiche interagieren untereinander und reziprok mit dem Selbst. Unter analytischer Ausklammerung von Raum/Ort zwingt sich für Sack als erste Essenz der Geographie ein immanenter Reduktionismus auf, denn ohne Integrator können die Reiche immer nur selektiv, fokal und somit reduktionistisch thematisiert werden[146]. Erst im Ort entsteht die Möglichkeit der Integration all der Kräfte. Über die Perspektiven (wissenschaftliche, ästhetische, moralische) eröffnet Sack den epistemologischen Diskurs. Die Kräfte lassen sich auf einem Kontinuum der Partialität zwischen den Extrema des Impartiellen (Universellen) und des Partiellen (Spezifischen) betrachten. Epistemologisch entspricht der partiellen Perspektive das Verstehen, der impartiellen das Erklären z.B. im mathe-

---

[144] Sack (1997: 6, 54)
[145] Sack (1997: 27)
[146] Sack (1997: 35f. und 53)

matischen Modell[147]. Im Zuge der Rationalitätskritik als Teil des Modernediskurses beansprucht Sack eine zweite Essenz der Geographie: Ohne die Geographie verfällt die Erkenntnistheorie notwendigerweise in einen Relativismus, mit ihr aber läßt sich ein high modernism begründen[148]. Eine realistische und rationale Perspektive kann eingenommen werden, ohne dabei Differenz und Situiertheit unterzubewerten. Darüber hinaus ist kein Extrem des Kontinuums erreichbar. Einerseits hat die Modernekritik demonstriert, daß voll universelle Betrachtungen unmöglich sind, andererseits sind voll partielle Sichtweisen ebenso absurd, da sie eine Isolation des Individuums bedeuteten[149].

Fig 10   Rahmenkonzeption wissenschaftlicher Geographie

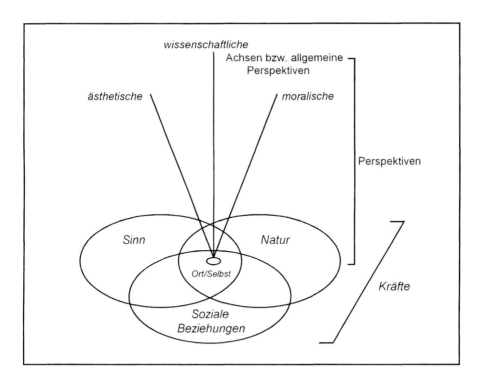

---

[147] Sack (1997: 29)
[148] Sack (1997: 53f.)
[149] Sack (1997: 6)

Quelle: nach SACK (1997: 28)

[*Raumontologie*] Den Anspruch der zwei Essenzen versucht Sack über die Fundierung von Raum/Ort als Träger geographischer Kausalität zu erfüllen[150]. Raum/Ort sowie das Selbst sind die fokalen Punkte der Rahmenkonzeption[151]. Die Betrachtung von Ort und Raum erfolgt getrennt. Für den Raum legt Sack einmal eine „cineastisch"-metaphorische Deskription vor:

> **Raum**$_{SACK}$. „The world is full of places, from forests, marshes to cities, streets, and houses; when we move quickly and do not pay attention, they tend to blur together so that our experience is one of movement through space." (Sack 1997: 31)

Ein anderes Mal eine ontologische Definition:

> **Raum**$_{SACK}$. Raum und Ort sind real existent; alle Orte befinden sich im universellen physikalischen Raum; Raum hat eine Wirkung, insofern als Distanzen zwischen den Dingen Intensität und Grad der Interaktion beeinflussen; so übt Raum eine Kraft aus und erzeugt eine Wirkung[152]. Raum ist damit (1) real existent und (2) kausal wirksam.

Ort hingegen erfährt eine differenziertere ontologische Grundlegung:

> **Place**$_{SACK}$. Der sekundäre Ort ist das Komplement zum Raum, eine Lokation, die nichts weiter repräsentiert als den Container koinzidenter Objekte. Ein primärer Ort hingegen erwächst neben den Dingen selbst zur Kraft; er kontrolliert, steuert und bewirkt. Die kulturelle Aneignung (Implementierung von Regeln, Symbolisierung von Bedeutung etc.) erhebt den Ort vom sekundären zum primären. Während Raum gar nicht sozial konstruiert ist, ist Ort (der primäre) sehr wohl sozial konstruiert: Raum ist physisch, Ort ist physisch und kulturell[153].

---

[150] Sack (1997: 3)
[151] Sack (1997: 30)
[152] Sack (1997: 31)
[153] Sack (1997: 32, 33)

Die beiden Kernbehauptungen, (1) Raum sei real existent und (2) kausal wirksam, seien an dieser Stelle eingehender untersucht. Welche Argumentation bietet Sack an?

Existenzbehauptung$_{SACK}$. Raum ist physikalisch und existiert real[154].

Sack bezieht sich bei diesem Raumbegriff auf die Naturwissenschaften im allgemeinen und auf Newton im besonderen[155]. Sowohl Raum als auch Ort (sekundärer Ort) werden in dieser Hinsicht zunächst ontologisch als absolut charakterisiert, zugleich aber erscheint der Begriff relational im Definiens:

> „We must be careful here in describing this force and its effects. The laws of physics stress how space is a fundamental property of the natural world and influences that world. The Newtonian laws of planetary motion and the inverse square law of gravitational attraction express this as an effect of distance unmediated by any intervening substances and media. But this is an extreme case, and for the most part space or distance cannot in itself exert an effect, as it would if space were absolute. Rather, the effect is mediated by the intervening substances and medium. This makes the effect relational." (Sack 1997: 92)

Was bedeutet diese Argumentation für das Raumverständnis? Ist Raum doch nicht absolut? Betrachten wir die Aussage: „The objects in space are present and interacting, and space (albeit relationally) is having an effect on them." (SACK 1997: 32) Wie kann albeit relationally interpretiert werden? Sacks Verständnis von Relationalität bezieht sich darauf, daß Bewegungen nicht nur über den absoluten Raum, sondern zugleich über die Körper mediatisiert werden. Bewegung findet seine Ursache somit im Raum und in den Körpern. Wenn der Relationalitätsbegriff so verstanden wird, dann widerspricht er in jedem Falle dem Leibniz'schen: Dort ist er Ausdruck eines rein begrifflichen Konzeptes der Beiordnung[156], hier verwendet ihn Sack ontologisch, indem er sich auf die Ko-Determination der Bewegung durch Raum und die Körper bezieht. Nur über die Ontologisierung des Relationalen als faktische Interdependenz kann Sack überhaupt die Kausalität des Raumes entwickeln. Welche Argumente führt er für die Kausalwirksamkeit des Raumes an?

---

[154] Sack (1997: 31)
[155] vgl. Sack (1997: 92)
[156] vgl. Abschnitt 2.3 zur Darstellung des Leibniz'schen Arguments für den relationalen Raum.

Kausalitätsbehauptung$_{SACK}$. Raum wirkt ursächlich; er ist kausaler Agens[157]

Sack bleibt bezüglich dieser These unmißverständlich und erläutert zunächst selbst den Unterschied zwischen Produkt und Agens:

> „I hope to make clear how places have different mixes of elements, but in the process it also may appear that I am stretching things to say that places have in some way affected or caused these mixes. Haven't they been mixed by circumstance? Or by us as agents? In other words, isn't it better to say that places contain elements, and not that they draw them together? My answer is no, (...)" (SACK 1997: 65f.)

Und ferner: „The objects in space are present and interacting, and space (albeit relationally) is having an effect on them. Space, then, is the geographical causal agent." (SACK 1997: 32) Wie aber läßt sich diese Forderung einlösen? Betrachten wir einige Argumente, die Sack benutzt, um den Beweis für Raum/Place als Agens anzutreten:

Argument$_{SACK}$. „Even though alcohol levels can be measured with considerable precision, punishment for drunk driving depends not only on them, but also on the consequences. Suppose that I drive my car drunk If I crash it into a lamp post and injure no one, I would be treated less harshly than if I crashed into a pedestrian and killed him. The lamp post and pedestrian, just like the particulars in an act of self-defense, are small scale examples of how the spatial arrangement of other events affect the application of a general moral principle." (SACK 1997: 22)

Das Beispiel soll die essentielle Rolle des Räumlichen für das Moralische (als Element des Sozialen) veranschaulichen[158]: Das materielle Ensemble von Umweltgegenständen verursacht den Unterschied der Sanktionierung eines Tatbestandes, der aus der Sicht des Akteurs in beiden Fällen mit dem gleichen Motiv erbracht wird. Der Umstand, daß ein betrunkener Fahrer gegen eine Laterne und nicht gegen eine Person fährt, ist für Sack räumlich verursacht. Da er offensichtlich nicht davon ausgeht, daß der Raum gleich der Körperwelt sei, schreibt er dem Raum tatsächlich alleine die Ursächlichkeit zu. Mit Sacks Ar-

---

[157] vgl. Sack (1997: 32)

[158] Da Sack im Rahmen seiner Argumentation andere Plausibilitätsbeweise schuldig bleibt, muß auf dieses rekurriert werden, auch wenn es etwas unglücklich von ihm selbst gewählt ist.

gumentation würde in diesem Beispiel der Ort/Place den Fahrer, die Laterne/Verkehrsopfer, die Straße etc. zusammengeführt haben (draw together). Diese Argumentation erscheint zumindest sehr unglücklich. Akzeptierte man diese Sichtweise, so würde der Raum in seiner Zusammenführung von Objekten das Ereignis verursachen. Dieses Beispiel ist aus einer anthropozentrischen Perspektive wesentlich fruchtbarar zu erschließen: Sowohl die Standorte (Laterne/Verkehrsopfer) als auch die Bewegung (Autofahrt) haben ihre Ursache in menschlichen Aktivitäten und können z.B. als unbeabsichtigte Handlungsfolgen früheren Handelns intepretiert werden. Raum spielt dann keine ursächliche Rolle mehr. Es ist unbefriedigend aus der Sicht einer akteursspezifischen Sozialforschung, Erklärungskraft des Akteurs aus der Hand zu geben. Natürlich stellt die materielle Umwelt Bedingungen des Handelns dar, doch ist diese von Sack selbst bereits vom Raum dissoziiert.

Untersuchen wir einen zweiten Versuch Sacks, über Kant die geographische Kausalität grundzulegen. Zunächst argumentiert er mit Kant für den Unterschied zwischen Wirklichkeit und Erscheinung der Phänomene:

> „The same issues of appearance and reality apply to thought itself, and space is at the foundation even here. For example (and following Kant), the basic conditions for understanding are revealed by mentally removing the inessential or surface material from our thoughts, which after the final iteration leaves only the senses of space, time, and causality. These are our mental foundations. All else, relatively speaking, is surface. The sense or intuition of space is seen by Kant to be a precondition for thought, a requirement of our minds. (...) Stripping away the surface, even in thought itself, engages us again with space." (SACK 1997: 97)

Sack leitet nun folgendes Argument ab:

Argument$_{SACK}$: „Place is not simply a marker that can be replaced by the elements it contains. Rather it is an active agent that helps draw together the threads from each realm, and indeed the realms themselves, along the three loops - spatial relations, in/out-of-place, and surface/depth. The causal properties of each loop take the form appropriate to that realm, but the loops are interconnected to form a causal circuit that not only draws together and alters elements of the realms but also the realms themselves. (...) The circuit and its loops allow the realms to be engaged without reducing one to another." (SACK 1997: 97f.)

Sack benutzt Kant, um die reinen Anschauungsformen als essentielle Größen gegenüber den inessentiellen Inhalten zu abstrahieren. Damit legitimiert er die herausragende Bedeutung des Raumes und ignoriert die Argumentation von Kant, nämlich; daß Raum (a) nicht absolut existiert (sondern transzendental) und (b) daß er keine kausale Wirkkraft hat, da er eine Anschauungsform ist[159]. Die Anleihe, die Sack bei Kant sucht, kann hier keineswegs anerkannt werden. Welchen Platz findet die Kausalität des Raumes im Framework? Sack implementiert Kausalität von Raum/Ort über drei reziproke Kausalschleifen als Teil eines kausalen Kreislaufs. Die Reziprozität bezieht sich auf die Schleifen untereinander und auf deren Verknüpfung zwischen dem Ort/Selbst und den Kräfte-Reichen. Diese Schleifen thematisieren die Reproduktion und Modifikation von Regeln der Inklusion/Exklusion am Ort, der Interaktion materieller Körper im physischen Raum und der Bedeutung des Ortes. Der Ort ist die kausale Kraft, die die Leistung der Integration und Interaktion der Kräfte-Reiche und des Selbst steuert. Er wird nicht nur durch den Mix der Kräfte geprägt und gestaltet, sondern transformiert seinerseits die Kräfte-Reiche[160]. Aufgrund der vorgelegten Diskussion der Kausalitätsbehauptung von Sack muß der Versuch, Raum als kausal wirksam zu beweisen, als gescheitert qualifiziert werden.

[*Forschungsprogramm*] Die vorgestellte Ontologie von Raum/Ort dient Sack als Grundlage der Entwicklung eines aufgeklärten geographischen Bewußtseins[161], das aus der Einsicht unserer geographischen Seinsform entspringt, die von anderen wissenschaftlichen Disziplinen unterschlagen wird. Auf der Suche nach dem adäquaten Maß der „Thickness/Thinness" von Orten, der Permeabilität der Grenzen von Orten und der Impartialität/Partialität des Bewußtseins soll die Geographie über unser Bewußtsein als Homo Geographicus und der Einsicht des Wirkens von Raum/Ort auf Weltgeschehen und Selbst Lösungswege vermitteln[162]. Dies ist das moralische Programm der relationalen Rahmenkonzeption von Robert Sack.

[*Konklusion*] Sacks Projekt ist a priori motiviert, die Geographie als essentielle Disziplin mittels eines allmächtigen Raumkonzeptes zu rehabilitieren. Das

---

[159] vgl. Abschnitt 2.4 zur Darstellung des Kantschen Raumbegriffs.
[160] Sack (1997: 90ff.)
[161] Sack (1997: 18)
[162] Sack (1997: 253f.)

Interesse lastet folglich dominant auf der Legitimationsmöglichkeit des Raumes/Ortes als real existent und kausal wirksam. Trotz Interdependenz- und Wechselseitigkeitsbehauptungen steht der Raum als zentraler Integrator allen Erkennens im Mittelpunkt. Er trägt damit konzeptionell nicht nur die Aufgabe des (Teil-)Erklärens des Weltgeschehens, sondern darüber hinaus die der adäquaten Erkenntnisform überhaupt. Denn ohne den Raum und die Geographie unterliegt die Wissenschaft zwei zentralen Schwächen: dem Reduktionsmus und dem Relativismus. Dem Reduktionismus hält Sack das Synthespotential des Ortes entgegen, dem Relativismus eine realistische Erkenntnisbehauptung, die er konzeptionell nicht weiter umsetzen kann. Es kann aus diesem Erkenntnisinteresse nicht überraschen, daß das gesamte Framework in einer räumlichen Metaphorik abgefaßt ist. Dies sei an dem Beispiel verdeutlicht, daß Sack die Terminologie einer Soziosprache, wie z.B. Integration bzw. Multiplexität[163] in Begriffe wie Thickness/Thinness[164] von Places übersetzt. Nicht mehr die Akteure stehen im Mittelpunkt des Forschungsinteresses, sondern „how geography is a force"[165]: Raum/Place sind Forschungsobjekt im Rahmenentwurf der Homo Geographicus - Geographie. Ein weiteres Beispiel, das Sack selbst vorschlägt, um die zentrale Funktion des Raumes zu demonstrieren, sei angeführt:

> „After all, most of the nongeographic characterisations of our behavior are notoriously vague. What, for example, are families? Some include children, others don't. Some may have more than one father or mother, and others may extend to distant relatives and even fictitiously related ones. And while a family (however defined) may not be at home, its members must still be in place and space." (SACK 1997: 25)

---

[163] Multiplexität ist ein Kriterium in der sozialen Netzwerkforschung zur Charakterisierung der Komplexität des Inhaltes einer Beziehung. Hat eine Beziehung nur einen Kommunikationsinhalt (z.B. Joggingpartner), gilt sie als uniplex, ist eine Beziehung aber durch viele Inhalte bestimmt (z.B. Joggingpartner, Arbeitskollege, Vereinsmitglied etc.), so gilt sie als multiplex. Vgl. dazu die Ausführungen bei Schenk (1986: 95f.)

[164] vgl. Sack (1997: 7f.): Die Frühmoderne ist geprägt von wenigen, *dicken Orten* (bedeutungsvoll, multiplex), die Spätmoderne von vielen, *dünnen Orten* (uniplex, eindimensional, funktional). Das Bewußtsein darüber entsteht nur, wenn Orte nicht (mehr) die Bedeutung tragen, die an ihnen gesucht wird. Die Modernisierung ist ein Prozeß des *Ausdünnens von Orten*. Dünne Orte geben Freiheit und Handlungsspielraum, können aber verfremden, dicke Orte geben Sicherheit und Integration, können aber erdrücken. Diese Deskription ist in der Sozialtheorie übersetzbar indas Konzept der Entankerung des Sozialen im Zuge der Spätmoderne (Giddens 1995; Werlen 1995a, 1997).

[165] Sack (1997: Acknowledgements)

Hier will Sack zeigen, daß sich die Familie wohl eher über das tatsächliche Zusammenleben definiert als über soziale Kategorien. Der Versuch, das soziale Konzept der Familie in ein räumliches zu übersetzen, wirkt jedoch intransparent. Denn es erscheint (a) trivial: Natürlich sind die Mitglieder irgendwo im Raum, d.h. territorial lokalisiert; und (b) fast als besseres Argument gegen die raumzentrierte Perspektive: Es spielt eine untergeordnete Rolle, wo sich ein Familienmitglied aufhält, denn eine Familie definiert sich sehr wahrscheinlich unabhängig von Präsenz oder Absenz allein über Kriterien der Zusammengehörigkeit (z.B. Abstammung, Adoption, Heirat etc.).

Insgesamt dokumentiert dieser Sprachstil ein Abrücken vom Individuum als Zentrum seiner konstruierten Welt und objektiviert über den Menschen hinaus. Der Gewinn der Moderne, die Zuerkennung von Handlungsspielraum und Entscheidungsfähigkeit des Individuums, geht damit verloren. Stattdessen sollen Strukturen, begriffliche Kategorien wieder Steuerungskraft erhalten und werden reifiziert. Sacks Raumverständnis erliegt der Hypostasierungsfalle, wenngleich Place als sozial, natürlich und sinnhaft reziprok konstituiert behauptet wird.

6.2 Objekttheoretische Kontextmodelle von Raum/Ort

[*Vorbemerkung*] Die strukturationistische Kritik der Sozialtheorie, insbesondere die Theorie der Strukturierung von Anthony Giddens (1995)[166], hat die geographische Reflexion von Raum nachhaltig und umfassend beeinflußt. Eine Reihe von Autoren wie Pred (1984, 1985), Agnew (1987) und Thrift (1983) haben auf der Grundlage strukturationistischer Postulate kontextuelle Placetheorien entwickelt. Aus diesem Grunde werden zunächst einige strukturationistische Argumente skizziert, bevor die Fortentwicklungen verschiedener Autoren diskutiert werden.

6.2.1 Strukturationismus und Locale

[*Strukturationistische Argumente des Sozialen*] Giddens konstatiert als Ausgangspunkt seines Entwurfes die Schwächen der zwei orthodoxen Metaperspektiven in den Sozialwissenschaften: „Während interpretative Soziologien

---

[166] Ersterscheinung im englischen Original 1984

sich gleichsam auf einen Imperialismus des Subjekts gründen, implizieren der Funktionalismus und der Strukturalismus einen Imperialismus des gesellschaftlichen Objekts. Eines meiner hauptsächlichen Ziele bei der Formulierung der Theorie der Strukturierung ist es, solchen imperialistischen Bemühungen ein Ende zu setzen." (GIDDENS 1995: 52) Diese immanenten Schwächen - Voluntarismus in der subjektivistischen Perspektive der Phänomenologie und des methodologischen Individualismus sowie Determinismus in der objektivistischen Perspektive des Strukturalismus und Funktionalismus - dekonstruiert Giddens, um daraus konstruktive Vermittlungspunkte einer nicht-dualistischen Sozialtheorie zu formulieren.

Dies erfordert zunächst die Festlegung eines nicht-imperialistischen Forschungsziels sowie einer nicht-dogmatischen Wissenschaftsauffassung. Beides legt Giddens grund: Als Forschungsfeld der Sozialwissenschaften begreift er weder die Erfahrung des individuellen Akteurs noch das Aufdecken irgendeiner gesellschaftlichen Totalität, sondern die über Raum und Zeit geregelten gesellschaftlichen Praktiken[167]. Zur Bestimmung des metatheoretischen Fundaments seiner Sozialtheorie rekurriert Giddens auf die Thesen der kontextualistischen Kritik des logischen Empirismus[168]: Theorien sind theoretische Verallgemeinerungen und nicht gesetzesartige, universalistische Hypothesensets; wissenschaftliche Erklärungen sind kontextbezogen und damit auch unabhängig von Verallgemeinerungen zu leisten[169]. Damit legt Giddens eine Auflösung des metatheoretischen Dualismus zugrunde, die er nun sozialtheoretisch fortzusetzen versucht.

Wo liegen die Grenzen der subjektivistischen Perspektive? Im Stratifikationsmodell des Handelnden reformuliert Giddens den Begriff des Handelns (*Fig 11*): Handeln ist ein kontinuierlicher Fluß intentionaler Eingriffe in die durée der Alltagswelt, initiiert vom Akteur. Handlungen sind diskrete Segmente des Handelns, die aus diesem Fluß durch explizite Prozesse der Kategorisierung herausgehoben werden. Individuen sind wissende Akteure (knowledgable), d.h. sie sind in der Lage, ihr Handeln zu überwachen, zu kommentieren und Gründe

---

[167] Giddens (1995: 52)
[168] vgl. Kapitel 5
[169] vgl. Giddens (1995: 31f.). Über die Möglichkeit kontextueller bzw. singulärer Kausalerklärung siehe Kapitel 5.2.3

für ihr Handeln anzugeben. Die Rationalisierung des Handelns bezieht sich auf die Fähigkeit des Akteurs, Gründe für sein Handeln anführen zu können, die Motivation des Handelns bezieht sich auf die Motive, die Handeln auslösen. Giddens unterscheidet Unbewußtsein, praktisches und diskursives Bewußtsein. Praktisches und diskursives Bewußtsein regeln die Kompetenz des Akteurs, Gründe für sein Handeln anführen zu können. Grundlegendes Konzept des Handelns ist seine rekursive Qualität. In ihren Handlungen reproduzieren die Handelnden die Bedingungen, die ihr Handeln ermöglichen, weshalb das Stratifikationsmodell auch zirkelhaft dargestellt werden kann.

Fig 11 Stratifikationsmodell des Handelnden

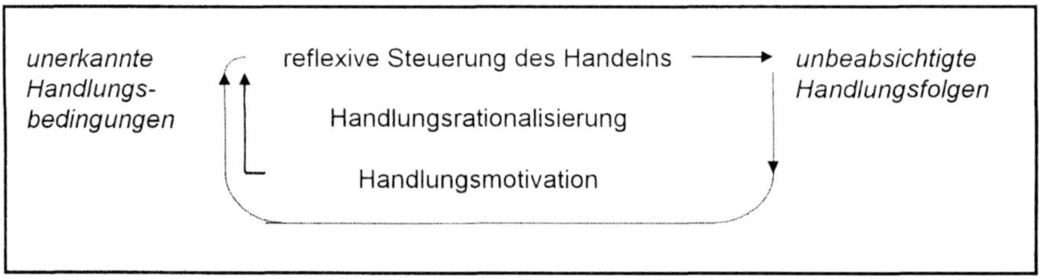

```
unerkannte          reflexive Steuerung des Handelns  ──►  unbeabsichtigte
Handlungs-                                                  Handlungsfolgen
bedingungen         Handlungsrationalisierung

                    Handlungsmotivation
```

Quelle: nach Giddens (1995: 56)

Aus diesem Modell werden die Grenzen der Möglichkeit deutlich, Handeln aus der Sicht des Individuums zu analysieren. Denn unintendierte Handlungsfolgen sowie unerkannte Handlungsbedingungen - sie sind eine notwendige Konsequenz des unvollständigen Bewußtseins des Akteurs über den Handlungskontext - begrenzen das Erklärungspotential makroskopischer Phänomene aus der Sicht des handlungskompetenten Individuums[170].

Wo liegen die Grenzen der objektivistischen Perspektive? Im Zeichen des Strukturalismus oder Funktionalismus werden traditionellerweise apriorische Funktionszusammenhänge von Individuen als Elemente eines Mechanismus begriffen oder Aggregate unter das Motiv eines apriorischen Telos gestellt. Dabei tendiert diese Perspektive zu einer deterministischen Fremdsteuerung des Handelnden sowie einer Hypostasierung konzeptioneller Begriffe wie Struktur und System.

---

[170] vgl. auch Thompson (1989)

Wie lassen sich die Kernkonzepte Handeln und Struktur so reformulieren, daß sie die Möglichkeit der Überwindung eines antagonistischen Dualismus eröffnen? Giddens fordert ein, beide Begriffe als komplementäre Teile einer Dualität der Struktur zu begreifen[171]. Das Theorem der Dualität der Struktur entwikkelt er in linguistischer Analogie[172] zum Verhältnis von Sprache und Sprechen. Während Sprechen räumlich und zeitlich situiert ist, ist Sprache virtuell, zeitlos und subjektlos insofern, als sie niemandes Produkt ist und an niemanden gerichtet ist. Gleiches gilt für Interaktion und Struktur: Während Interaktion durch die Aktivitäten von Individuen konstituiert wird, besitzt Struktur nur eine virtuelle Existenz. Sie besteht aus Regeln und Ressourcen, die in der Interaktion implementiert werden, so daß Interaktion strukturiert und Struktur zugleich reproduziert wird[173]. Struktur ist eine virtuelle Ordnung transformatorischer Relationen[174], so daß soziale Systeme, die nunmehr als regelhaft reproduzierte soziale Praktiken definiert sind, „weniger Strukturen haben, als daß sie vielmehr Strukturmomente aufweisen, und daß Struktur, als raumzeitliches Phänomen, nur insofern existiert, als sie sich in solchen Praktiken realisiert und als Erinnerungsspuren, die das Verhalten bewußt handelnder Subjekte orientieren." (GIDDENS 1995: 69) Strukturmomente ermöglichen die Einbindung von Raum/Zeit in soziale Systeme und sind dafür verantwortlich, daß soziale Praktiken über unterschiedliche Spannen von Raum/Zeit identisch reproduziert werden, also systematische Formen annehmen. Regeln und Ressourcen können nach drei Modalitäten untersucht werden. Sie sind die Wege der Vermittlung von Interaktion und Struktur:

Fig 12 Strukturierungsmodalitäten

Interaktion	Kommunikation	Macht	Sanktion
(Modalität)	Interpretatives Schema	Fazilität	Norm
Struktur	Signifikation	Herrschaft	Legitimation

---

[171] vgl. Thompson (1989)
[172] vgl. Werlen (1995a: 8f.)
[173] vgl. Thompson (1989)
[174] Giddens (1995: 69)

Quelle: nach Giddens (1995: 81)

In der Kommunikation von Bedeutung in der Interaktion übertragen Akteure interpretative Schemata, die auf der Strukturebene als semantische Regeln stehen. Wenn Akteure sanktionieren, so übertragen sie Normen, die als moralische Regeln auf Strukturebene identifiziert werden können. Die Darstellung von Macht funktioniert über das Einsetzen bestimmter Gelegenheiten, die auf Strukturebene als Ressourcen bzw. Herrschaft analysiert werden können. Diese Modalitäten sind jedoch nur analytisch zu trennen. Die Regeln und Ressourcen, die Strukturen umfassen, werden als Eigenschaften sozialer Systeme angesehen[175].

Ausgehend von einem kontextualistisch informierten Wissenschaftsverständnis, der Bestimmung regelhafter sozialer Praxis als Forschungsgegenstand und einer neuen Terminologie von Handeln und Struktur rücken Raum und Zeit als zentrale Dimensionen in das Programm: Eine Ontologie von Raum (analog Zeit) als konstitutives Prinzip sozialer Praktiken ist grundlegend für die Konzeption der Theorie der Strukturierung[176]. Mit welchen konzeptionellen Überlegungen versucht Giddens Raum als zentrales Moment in die Strukturationstheorie einzubinden?

[*Kontextualität und Raum*] Über die Konzepte der Struktur als virtuelle Ordnung transformatorischer Regeln und der Institution als regelhaft reproduzierte soziale Praxis gewinnt die Kontextualität des Handelns einen zentralen Stellenwert. Wie ist es möglich, situiertes, kontextuelles Handeln zu institutionalisieren (sprich dekontextualisieren)? Giddens begreift Raum (und Zeit) als zentrales Konzept zur Systematisierung sozialer Kontextualität: „Die Wiedergewinnung von Raum und Zeit für die Sozialtheorie bedeutet die Theoretisierung von Handlung, Struktur und Kontextualität als Brennpunkte der Forschungsprobleme in beiden Disziplinen [Geographie und Soziologie]" (GIDDENS 1995: 421). Kontextualität ist bei Giddens definiert als „[d]ie Situiertheit von Interaktion in Raum und Zeit, wie sie den Bezugsrahmen der Interaktion, kopräsente Akteure und Kommunikation zwischen diesen einschließt." (GIDDENS 1995: 431) Der Kontext sozialer Praxis verbindet die Interaktionsbedingungen mit

---

[175] vgl. Giddens (1995: 81f.) sowie Thompson (1989)
[176] Giddens (1995: 53)

Neue Wege geographischen Denkens? 109

den Aspekten der Institutionalisierung des sozialen Lebens und umgreift somit die Schlüsselstelle im Forschungsinteresse der Strukturationstheorie[177]: Wie ermöglichen und bedingen Strukturen soziale Interaktion und wie transformiert Handeln die Struktur?

Von diesem Ausgangspunkt aus bestimmt Giddens zwei räumliche Begriffe.

Locale$_{GIDDENS}$: „Eine physische Region, wie sie als Moment eines Interaktionsrahmens fungiert: [Locales] haben deutliche Grenzen, die dazu beitragen, Interaktionen in der einen oder anderen Weise zu konzentrieren." (GIDDENS 1995: 432) Sie ist damit ein räumliches Setting, in dem sich Interaktion ereignet. Das Setting wird nicht allein materiell, sondern über die Symbolik im Interaktionskontext definiert[178]. Place bzw. Locale ist damit zentrales Konzept zur Erfassung der Reproduktion sozialer Praktiken. In Locales „wird der Raum als Bezugsrahmen für Interaktion verfügbar gemacht, während umgekehrt diese Interaktionsbezugrahmen für die Spezifizierung der Kontextualität des Raumes verantwortlich sind." (GIDDENS 1995: 170) Locales unterliegen keiner maßstäblichen Begrenzung; sie können vom Klassenzimmer bis zum Nationalstaat alle Dimensionen umfassen.

Ähnlich der Transformation der Regeln und Ressourcen von Struktur durch die soziale Alltagspraxis stellt auch die Locale nicht lediglich einen Kontext des Handelns dar, sondern das Handeln transformiert in gleicher Weise die Locale im Prozeß der Regionalisierung:

Regionalisierung$_{GIDDENS}$: „Regionalisierung [ist zu verstehen] als Begriff, der sich auf das Aufteilen von Raum und Zeit in Zonen und zwar im Verhältnis zu routinisierten sozialen Praktiken bezieht" und somit als raumzeitliche Differenzierung anzuerkennen ist. (GIDDENS 1995: 171)

Als Beispiel für das Verhältnis von Locale und Regionalisierung kann das Privathaus herangezogen werden: Es ist eine Locale für zahlreiche Interaktionen,

---

[177] Giddens (1995: 171)
[178] Urry (1991)

110 Kontextualistischer Raum und Placeforschung

die ihrerseits die Locale in Zonen (Stockwerke, Flure, Zimmer) unterschiedlicher Interaktionsinhalte regionalisieren[179].

[*Demonstration am Beispiel des Modernediskurses*] Mit Hilfe räumlicher Begriffe gelingt es Giddens nunmehr, frühmoderne von spätmodernen Gesellschaftsformen zu unterscheiden. Zentrales Differenzierungsmerkmal ist hierbei die Entbettung (disembedding) als Prozeß der Entankerung sozialer Praxis aus ortsgebundenen Interaktionszusammenhängen. Diesem Begriff geht die Überlegung der „Dislozierung des Raumes vom Ort" (GIDDENS 1997: 31) voraus. Während in frühmodernen Gesellschaften Raum und Locale weitgehend zusammenfielen, weil die räumliche Dimension des gesellschaftlichen Lebens dominant von der Kopräsenz der Akteure bestimmt wurde, löst sich in der spätmodernen Gesellschaft der Raum zusehends vom Ort, indem Beziehungen durch moderne Kommunikationsmedien verstärkt in Absenz ermöglicht werden. „Unter Modernitätsbedingungen wird der Ort in immer höherem Maße phantasmagorisch, das heißt: Schauplätze werden von entfernten sozialen Einflüssen gründlich geprägt und gestaltet." (GIDDENS 1997: 30). Neben selbstverständlich weiteren Unterscheidungsmerkmalen spätmoderner von frühmoderner Gesellschaftsform[180] repräsentiert die Space-Distanciation als Prozeß der zunehmenden Abhängigkeit sozialer Interaktion von nicht-kopräsenten Ereignissen sicher das zentrale Kriterium[181].

6.2.2 Strukturationistisch informierte Locale/Place

6.2.2.1 Theorie des Ortes I: Place als lokalisierte Locale

[*Die Antithese zum Raum$_{SAYER}$*] John Agnew zählt zu den kontextualistischen Autoren der Geographie, die um eine Neubestimmung des Raumbegriffes in Anlehnung an den epistemologischen Realismus sowie das sozialtheoretische Strukturierungskonzept bemüht sind[182]. Zunächst reformuliert er die Thesen

---

[179] Giddens (1995: 171)
[180] vgl. Übersichten von Werlen (1995a: 4f.)
[181] vgl. Urry (1991)
[182] Entrikin (1991: 21)

nomologischer Ansätze und des Ansatzes von Sayers Raum als Kontingator, um sie als Kontrapunkte seines Placekonzeptes zu reklamieren:

> „Places just happen to differ; difference itself is constituted by abstract forces of class, ethnicity or gender. Cultural or economic differences are still thought of as produced extra-geographically by abstract 'forces' of class, ethnicity, or discursive hegemony, even as they are captured in geographical metaphors or acknowledged as manifesting themselves geographically. Geography may 'matter', but only as the moment in which abstract universal social processes, such as social stratification, state-building, and ideological hegemony, are revealed in space. Even for some who claim that 'space matters', therefore, it matters only contingently rather than necessarily" (AGNEW 1995: 13f.).

In Anlehnung an die These, daß Raum einen Unterschied mache, differenziert Agnew folglich in eine passive und eine aktive Variante des Raumverständnisses. Positivisten erkennen Raum lediglich als Ergebnis von Aktivitäten an, einige Realisten konstituieren Raum nur als Kontingenzfaktor zur Erklärung von Kontextspezifität. Dieser passiven Raumkonzeption hält Agnew eine aktive entgegen, in der Raum nicht nur *contingently*, sondern auch *necessarliy* einen Unterschied macht. Wie kann ein solches Placekonzept aussehen?

> **Place**$_{AGNEW}$. Place definiert sich über drei Elemente: (1) Locale als sozialer Handlungskontext, (2) Lokation als physischer Standort bzw. Erdausschnitt, der die Locale einbettet und (3) sense of place als lokale Struktur des Bewußtseins[183]. „Place, therefore, refers to discrete if elastic areas in which settings for the constitution of social relations are located and with which people can identify." Und ferner „In other words, locale is the core geosociological element in place, but it is structured by the pressures of location and gives rise to its own sense of place that may in certain circumstances extend beyond the locality." (AGNEW 1987: 27)

Das Konzept von Place$_{AGNEW}$ hat innerhalb der Geographie große Popularität erlangt, repräsentiert es doch das Referenzkonzept in Johnstons Wörterbuch

---

[183] Agnew (1987: 27)

zur Humangeographie[184]. Die Argumentation für die Elemente des Definiens sei näher untersucht.

Locale-Argument$_{AGNEW}$. Agnew übernimmt das Konzept der Locale$_{GIDDENS}$ unverändert. Locale ist als kontextrelevantes physisches Setting der sozialen Interaktion zu qualifizieren. Die Locale bezeichnet somit eine handlungsspezifische Kontextualität der physischen Umwelt.

Agnew erkennt in der Ausschließlichkeit des Begriffes als Definiens von Place hingegen einen sozialen Reduktionismus, da der Interaktionskontext erst real verortet werden muß über seine Qualität als Lokation:

Lokations-Argument$_{AGNEW}$. „There is a sense in which "locales" could be anywhere. However, they are not. They are located according to the demands of a spatially extensive division of labor and global system of material production and distribution." (AGNEW 1987: 27) Die Lokation repräsentiert die Makroebene der objektivierten sozialen Tatsachen. Die Face-to-face-Gesellschaft der Locale ist wiederum eingebettet in einen weiteren territorialen Makrokontext der Gesellschaft, weshalb Place im Sinne von Locale unterbestimmt ist.

Welche Überlegung rechtfertigt diesen Schritt? Die Argumentation von Agnew ähnelt einer Analogie zu Giddens Konzept der Institutionalisierung. So wie das Handeln im Kontext einer situierten Interaktion nicht willkürlich abläuft, sondern makroskopisch in die Regeln und Ressourcen der Struktur eingebunden ist, d.h. durch sie bedingt und ermöglicht wird, ebenso fordert Agnew die makroskopische Einbettung des handlungsrelevanten physischen Kontextes in die räumlichen Verteilungs- und Verbreitungsregimes, wie z.B. die räumliche Arbeitsteilung (s.o.). Es ist eines der zentralen Argumente in Agnews Kritik der historischen Entwertung des Raumes durch die Sozialwissenschaften. Die Vorherrschaft des sozialwissenschaftlichen Konzeptes der Gemeinschaft habe die Bedeutung des geographischen Konzeptes von Ort untergraben und somit immer nur dem sozialen Kontext Bedeutung beigemessen und den physischen Kontext vernachlässigt[185]. Es rührt hierher, daß Agnew den Localebegriff von

---

[184] vgl. Johnston/Gregory/Smith (1994)
[185] vgl. Agnew (1989: 9f.) sowie Agnew (1987: 26)

Giddens nicht als ausreichend erachtet und eine erdräumliche Verankerung der Kontextualität des Sozialen einfordert.

Agnews Argument zielt also auf eine verstärkte Berücksichtigung der erdräumlich-physischen Konstituenten des Sozialen ab. Wenngleich Agnew mit dem Konzept der Lokation den der Locale als obektivierte Tatsachen umgeift, so erfolgt dennoch kein Zugewinn. Denn alles was handlungsrelevant für eine soziale Interaktion ist oder wird, faßt Giddens mit dem Konzept der Locale. Alles was nicht handlungsrelevant ist/wird, fällt aus dem sozialwissenschaftlichen Fokus: Es ist nicht bedeutsam zur Erforschung sozialer Praktiken. Die Aufmerksamkeit dennoch auf das Physische per se zu richten dokumentiert letztendlich die Raumzentriertheit des Agnewschen Ansatzes. Nicht das sozial Relevante allein, sondern das Physische und die makroskopische Funktion eines Standortes z.B. im System der räumlichen Arbeitsteilung definieren gemeinsam den Ort. Der Ort gewinnt damit eine komplexere Begriffsbedeutung als das Soziale und rückt selbst in den Mittelpunkt der Betrachtung.

Das dritte Definitionselement bestimmt Agnew folgendermaßen:

Sense-of-Place-Argument$_{AGNEW}$: Place ist nicht nur Objekt, sondern ebenso Gegenstand der subjektiven Erfahrung: Er kann zum Gegenstand der Identifikation werden. Die Place-Identität kann sozialräumliche Bedeutung von Place intrinsisch verstärken und absichern[186].

Dieses Bestimmungsmerkmal rekurriert auf die humanistische Placekonzeption von Tuan[187]. Tuan entwickelt zunächst sorgfältig die Unterscheidung zwischen der Bedeutung von Place als Lokation und Place als soziale Position. In der Frage des Vorzugs der Bedeutung argumentiert Tuan für eine soziale Semantik des Places:

„Consider, first, an analogous problem the word 'close'. Is it primarily a measure of human relationship, in the sense that 'John and Joe are close friends', or is it primarily an expression of relative distance as, for example, when we say that 'the chair is close to the window'? From my discussion of space, it is clear that I believe the meaning of human relationship to be basic. Being 'close' is, first, being close to another person, on whom

---

[186] Agnew (1987: 27f.)
[187] vgl. Agnew/Livingstone/Rogers (1996: 444)

one depends for emotional and material security far more than on the world's non-human facts." (TUAN 1996: 445)

Es überrascht allerdings, daß Tuan dennoch eine räumliche Semantik nachträgt, indem er Place über ein Konzept der Persönlichkeit identifiziert. Ein Place besitzt Persönlichkeit einmal aus der physischen Naturausstattung und zudem aus den Modifikationen, die er durch die Transformation menschlichen Einflusses erfährt[188]. Daher kommt Tuan auch zu dem Urteil, daß Place als Forschungsobjekt hinreicht:

„Place, however, is more than location and more than the spatial index of socio-economic status. It is a unique ensemble of traits that merits study in its own right." (TUAN 1996: 445)

Als ein zentrales Anliegen erkennt er schließlich die Erforschung des *sense of place*, des Bewußtseins von Menschen über einen Ort. Als ein Beispiel für die Relevanz dieses *sense of place* führt Tuan (1996: 453) an: „The sense of place is perhaps never more acute than when one is homesick, and one can only be homesick when one is no longer at home." Tuans Argumentation ist sehr subjektivistisch angelegt und trotz einer grundsätzlich sozialen Semantik der Placediskussion reifiziert er den Ort als Gegenstand von Identifikation und Objekt mit der Qualität einer eigenen Persönlichkeit. Diese Perspektive ist in der deutschsprachigen Geographie in der Gestalt der Regionalbewußtseinsforschung bereits kritisiert worden[189]. Letztlich dokumentiert die Begründung von Place als eigenen Forschungsgegenstand die raumzentrierte Haltung seines Projektes. Wie Agnew selbst konstatiert, ist es eben dieses Verständnis, das Eingang sowohl in seinen Place-Begriff als auch in den von Pred[190] und Entrikin, gefunden habe[191], darüber hinaus auch bei Paasi[192]. Aus dieser Konzeptanalyse muß vom Standpunkt einer akteurszentrierten Sozialforschung das Definiens Sense of Place zur Bestimmung von Place als hypostasierend beurteilt werden.

---

[188] vgl. Tuan (1996: 445)
[189] vgl. Werlens Diskussion von Pohl und Blotevogel/Heinritz/Popp in Werlen (1997: 74f.)
[190] vgl. Ausführung zur Theorie des Ortes als historisch kontingenter Prozeß in Abschnitt 6.2.2.2
[191] vgl. Agnew/Livingstone/Rogers (1996: 444)
[192] vgl. Paasi (1991)

6.2.2.2 Theorie des Ortes II: Place als historisch kontingenter Prozeß

Auch Allan Preds theoretische Reflexion über die Qualität von Place folgt einer apriorischen Raumzentriertheit: „Settled Places and regions, however arbitrarily delimited, are the essence of human geographic inquiry." (PRED 1984: 279) Dementsprechend orientiert sich Preds Interesse allein auf die konzeptionelle Fassung des Ortes, für die er Anleihen aus der Strukturationstheorie Giddensscher Prägung sowie der Zeitgeographie Hägerstrands vornimmt. Seine Zielsetzung erkennt er in der Untersuchung spezifischer Orte auf der Grundlage einer Theorie des Ortes[193]. Wie sieht seine Theorie des Ortes aus?

> **Place$_{PRED}$.** Ort ist nicht als Szene, sondern vielmehr als historisch kontingenter Prozeß des Ort-Werdens zu begreifen: Place „is what takes place ceaselessly, what contributes to history in a specific context through the creation and utilization of a physical setting." (PRED 1984: 279)

Damit berücksichtigt Pred einen der zentralen Punkte der strukturationistischen Schule, nämlich die Betrachtung einer Raumzeit, die nun konsequenterweise in einen zeitlich kontingenten Fluß des Werdens von Ort übersetzt wird. Wie sieht dieses Prozeß-Argument konkret aus?

Prozeß-Argument$_{PRED}$. Die Prozeßdefinition von Ort beruht auf der Überlegung, daß die meisten existierenden Konzepte von Ort atemporal sind. Sowohl traditionelle als auch humanistische Placebegriffe basieren auf einer Szenenkonzeption, die jedoch nicht aufrecht erhalten werden kann, denn: „For any given area, social reproduction is an ongoing process that is inseparable from the everyday performance of institutional activities." (PRED 1984: 280)

Pred entwickelt diesen Standpunkt weiter zu einer genaueren Charakterisierung des Ortes: Place impliziert immer eine Aneignung und Transformation von Raum und Natur, die notwendigerweise in die Transformation von Gesellschaft in Raum und Zeit eingebunden ist[194]. Oder anders: Werden Menschen über ihr Handeln als rekursiver Prozeß konzipiert, so daß sich Bewußtsein, Erfahrung

---

[193] vgl. Pred, Allan (1986): Place, Practice and structure. - Cambridge, S. 30; nach Werlen (1997: 87)
[194] Pred (1984: 279)

und Identität als permanentes Werden begreifen, dann sind auch Orte durch ihre Gebundenheit an soziale Strukturen im permanenten Werden begriffen[195]. Place wird damit analog zur sozialen Struktur in ihrem Verhältnis zum Handeln konzipiert: „The historically contingent becoming of any place, all that is scene as place and all that takes place within a given area, is inseparable from the materially-continuos unfolding of the structuration process in that place." (PRED 1985: 339)

An dieser Stelle wird die Zeitgeographie Hägerstrands zur methodischen Einlösung der theoretischen Behauptung integriert. Pred identifiziert die empirische Umsetzung der Behauptung alltäglicher Strukturation in Raum und Zeit als die große Schwäche der Strukturationsschule: „Yet nobody identifiable with the structuration perspective really has succeeded in conceptualizing the means by which the everyday shaping and reproduction of self and society come to be expressed as specific structure-influenced and structure-influencing practices occurring at particular locations in time and space." (PRED 1984: 281) Dieser Schwäche hält er als zentrale These entgegen, daß die konkreten Situationen sowie die materielle Kontinuität des Strukturationsprozesses über die Konzepte des individuellen Raum/Zeit-Pfads sowie des institutionellen Projektes in spezifischen zeitlichen und räumlichen Markierungen artikuliert werden[196]. Der raum-zeitliche Pfad ist als Lokationsspur eines Individuums im Container des Raumzeit-Kontinuums graphisch repräsentierbar, ein Projekt repräsentiert die routinierte raum-zeitliche Intersektion individueller Pfade als Verräumlichung institutionalisierter Praktiken. Pred veranschaulicht seine methodische Lösung in einer empirischen Studie über Skåne, in der er die Auswirkungen der Agrarreform Schwedens im 19. Jh. auf lokale Synchronisations- und Synchorisationsprozesse alltäglicher Pfade - und somit die Place-Werdung - untersucht[197].

[*Forschungsprogramm*] Die Theorie des Ortes als historisch kontingentem Prozeß verfolgt drei empirische Zielsetzungen: (1) Untersuchung des ortsspezifischen Einflusses von dominanten institutionellen Projekten auf Machtrelationen und individuelle Pfade, (2) Beschreibung individueller Biographien als

---

[195] Pred (1985: 338)
[196] Pred (1985: 338f.)
[197] siehe Pred (1985: 344-361)

Reflexion des Strukturationsprozesses an einem Ort und (3) Erfassung des Sense of Place als Phänomen werdenden individuellen Bewußtseins[198].

Zu (1): Die Art der Verflechtung von der Reproduktion der Machtbeziehungen und dem Werden von Orten hängt ab von dem Ausmaß, in dem lokale Institutionen auf nicht-lokale Institutionen gründen. Das Werden von Orten hängt somit ab von dem Grad der Fusion von kopräsenter Interaktion und Integration zwischen den Institutionen eines Sozialsystems. Die analoge Konstitution des Ortes zur sozialen Struktur in der Strukturationstheorie wird hier deutlich.

Zu (2): Im zweiten empirischen Forschungsinteresse tritt der konstitutive Charakter des Ortes für das Soziale stärker in Erscheinung: „Individual biography formation - including language acquisition, personality development, the evolution of a not-always articulated or self-understood ideology, and the development of consciousness - is one with the becoming of place. Biographies are formed through the becoming of places, and places become through the formation of biographies." (PRED 1985: 340)

Zu (3): Besondere Bedeutung erlangt die Wechselseitigkeit von Ortswerdung und Bewußtseinsbildung des Menschen. Pred erkennt an, daß ein Ortsgefühl nicht außerhalb des Individuums konstituierbar ist, spricht dem Prozeß der Ortswerdung dennoch konstitutiven Charakter zur Bewußtseinsbildung zu. Diese Behauptung unterliegt zwei alternativen Inkonsistenzen, die sich in Abhängigkeit des Ortskonzeptes ergeben. Entweder der Ort/ die Ortswerdung ist definiert über das Soziale allein, dann wäre die These inhaltsleer: Wenn der Ort das Soziale gänzlich im Definiens enthielte, so lieferte die Aussage, der Ort sei ko-konstitutiv für das Bewußtsein die gleiche Aussage als zu sagen, das Soziale bestimme das Bewußtsein. Ort wäre dann herauszukürzen. Diese Auffassung hat Pred jedoch nicht, im Gegenteil, eines der zentralen Argumente des angelsächsischen Diskurses gegen diese Konzeption des Ortes ist sein sozialer Reduktionismus[199]. Pred begreift Ort gerade über die Körpervermitteltheit menschlichen Handelns, d.h. über den physischen Kontext. Die Behauptung eines Sense of Place aus dieser Perspektive ist aber inkonsistent deshalb, weil „das, was als regional Gewordenes [oder Werdendes] untersucht werden soll,

---

[198] Pred (1984: 292)
[199] vgl. Entrikin (1996)

eigentlich gar nicht Gegenstand der Regionalforschung werden kann. Denn wenn die Bedeutung eines Ortes als Gegebenheit des Bewußtseins identifiziert wird, dann kann sie gerade nicht unmittelbar erdräumlich fixiert werden." WERLEN (1997: 91)

6.2.3 Pragmatisch informierte Locality

[*Vorbemerkung*] Im Rahmen der Locality Studies, die zu Beginn der 1980er Jahre unter dem Namen CURS (Changing Urban and Regional System) in England ins Leben berufen wurden, wurde versucht, die umfassende räumliche Restrukturierung durch Post-Fordismus, Flexibilisierung und neoliberale Regierung zu erfassen. Bis dahin wurden Fragen der neuen Ideologie des Individualismus, der niedergehenden Klassen-Politik, der aufkommenden Konsumgesellschaft etc. unabhängig von der räumlichen Maßstabsebene geführt, so daß einige Probleme der lokalen Ebene nicht identifiziert werden konnten. Daher formierte sich das Programm der Locality Studies als konkretes, unakademisches und praxisorientiertes Feld räumlich sensibler Problemforschung mit dem Ziel, Handlungsempfehlungen für die Strukturpolitik zu formulieren[200]. Ein neues Verständnis von Differenz und Partikularität mußte erzeugt werden.

[*Locality als Konzept*] Lovering kennzeichnet in seiner Rückschau auf den Restructuring Approach zwei Merkmale von Locality, die im Brennpunkt des Interesses stehen. Sie rekurrieren auf die Erkenntnisperspektive des kritischen Realismus Sayerscher Prägung, so daß Locality (1) als partikulare Orte, in denen allgemeine Prozesse kontingent interagieren, verstanden werden und (2) aus dem kontingenten Zusammenwirken allgemeiner Prozesse Kombinationseffekte hervortreten, die neue kausale Einheiten schaffen können. Die Locality kann so zu einem Ort kausaler Kräfte werden, die nicht nur lokale, sondern auch globale Prozesse steuern können. Diese zweite Behauptung erscheint kritisch: Wird hier Raum/Ort wieder zum potentiellen Ursachenfaktor erhoben? Lovering antwortet nicht auf diese Frage, hält der Skepsis aber als Erklärungsziel der Locality Studies entgegen:

Locality Studies. „The ideal that the task of research is to look for social causes of social events is rooted in the practical concerns of the Marxist tradition.

---

[200] vgl. Massey (1994: 127f.)

Research should find causes, because this will reveal points of potential change; understanding society necessarily means knowing how it could be different." (LOVERING 1989: 214)

Es sollen also soziale und nicht etwa räumliche Ursachen für soziale Ereignisse gefunden werden. Diese zusammenfassende Einschätzung von Lovering bestätigt sich bei Locality-Vertretern wie Cooke (1996) und Cox/Mair (1991). Ihre Konzeptionen sollen hier kurz skizziert werden, um auf das Problem der Metaphorisierung von Raum/Ort hinzuweisen.

Locality$_{COOKE}$. Locality ist durch Giddens Begriff der Locale nur einseitig als passives Konzept bestimmt. Darüber hinaus hat Locality eine proaktive Kapazität, d.h. sie kann selbst initiativ für Prozesse sein[201]. „'Locality' is a theoretical concept with a specificity derived from the interaction of exogenous and endogenous causal powers. Recent attempts to theorise it have stressed the former at the expense of the latter and have thereby missed the importance of the concept as a key social base and motive force in social change. Locality is to be understood as a spatial concentration of national subjects endowed with rights and capacities for proactivity." (COOKE 1996: 488)

Locality$_{Cox/Mair}$. Sie hat zwei Bedeutungen. (1) Einerseits ist Locality als lokalisierte soziale Struktur zu begreifen, d.h. als ein Set sozialer Beziehungen auf einem bestimmten räumlichen Maßstabsniveau, innerhalb dessen konkrete Interessen formuliert werden. (2) Andererseits ist Locality ein Agens.

Diese Forderungen erinnern stark an substantialistische Placekonzepte, jedoch zeigt die Erläuterung der Autoren an einem Beispiel explizit, daß ein Raumfetischismus unbedingt vermieden werden soll: Wenn eine Stadt wie z.B. Columbus als physische Umwelt definiert wird, so ist es natürlich unzulässig von irgendeinem Kausalitätspotenial zu sprechen. Locality aber im Sinne lokalisierter sozialer Struktur zu verstehen, erlaubt die Aussage, 'Locality als Agens' als shorthand oder Heuristik zu verwenden: „To make our point about the social nature of locality clear: if all the locally dependent actors in Columbus did join

---

[201] Cooke (1996: 486f.)

forces in a collective project, could one dispute that Columbus would act?" (COX/MAIR 1991: 207) Im Interesse der Autoren steht es offenkundig nur, einen Klassenbegriff für ein Cluster von Akteuren oder Betroffenen zu begründen, der ontologisch anderen sozialen Klassenbegriffen ähnelt wie z.B. Stadtparlament, Regierung, Bürgerschaft etc. Es ist die Funktion der begrifflichen Ortsreferenz, eine heuristisch bedeutungsreiche Designation für ein Kollektiv zu finden. Jedoch läßt selbst diese Rechtfertigung der Raummetaphorik eine Schwäche unübersehbar: Wie wahrscheinlich ist es, daß alle Akteure eines maßstäblich bezogenen Ortes ein gleiches Projekt unterstützen? Suggeriert diese Sprechweise nicht vielmehr einen illusorisch homogenen Konsens unter Akteuren? Und konterkariert dieses Ortskonzept nicht die wohl wahrscheinlichere Möglichkeit heterogenen Diskonsenses innerhalb dialektischer Aushandlungsprozesse? Kann ein Ort tatsächlich ein räumlich kontingentes Kollektiv von Menschen gleichen Willens und gleicher Mittelwahl repräsentieren? Wohl kaum. Dieses Locality-Konzept konstruiert Einheit und Gleichheit, wie sie nur als reduktionistisch qualifiziert werden kann.

Gleiches kann für Cookes Position behauptet werden. Er führt ein Beispiel aus, daß hinsichtlich zu vermeidender Hypostasierung von Ort unmißverständlich bleibt:

> „One need only think, in the arts, of the phenomenon of summer festivals which have proliferated following the success of that in Edinburgh, and which through 'fringe' activities have helped shift the axis of elite culture. In terms of local business enterprise the Rochdale Pioneers of the cooperative movement clearly had a massive supralocal effect, as did Manchester and Bradford textile barons or Pittsburgh steelmakers as entrepreneurs." (COOKE 1996: 487)

Die Diskussion des Locality-Konzeptes dokumentiert die pragmatische und politisch motivierte Perspektive des CURS. Es geht den Forschern nicht um raffinierte Formen der Hypostasierung von Raum und Ort, sondern um die Begründung politischer und ökonomischer Relevanz lokaler Sozialstrukturen für nationales und globales Geschehen. Im engeren Sinne wären die vorgestellten Konzepte von Cooke und Cox/Mair im Rahmen der Diskussion theoretischer Placekonzepte als nicht relevant anzuerkennen, eben aufgrund ihres pragmatisch-politischen Anspruchs. Jedoch soll durch ihre Diskussion illustriert werden, daß eine räumliche Semantik sozialer Akteure und Akteursgruppen verwendet wird, die eine gewisse ontologische Bedeutung von Ort suggeriert. Das entscheidende Argument für die Verwendung einer räumlichen Semantik finden die Autoren im heuristischen Charakter der Bezeichnung sozialer Konfigurationen, allerdings ist dieses Argument aus theoretischer Perspektive nicht anzuerkennen. Denn (1) kann es nicht überzeugen, eine räumliche Begrifflichkeit einzuführen, die soziale Akteure repräsentiert, da sie wie jede Klassenbildung anonymisiert und (2) impliziert sie die Gefahr einer tatsächlichen Hypostasierung von Raum wie etwa bei Pred oder Agnew.

6.2.4 Feministisch informierter Place

[*Vorbemerkung*] Doreen Massey ist eine der zentralen Advokaten der besonderen Bedeutung von Raum für sozialwissenschaftliche Forschung. Aus der Kritik der raumwissenschaftlichen Geographie sowie aräumlich positivistischer Erklärungsformen hat sie im Verlaufe der 1980er Jahre eine umfassende Neubestimmung des Raumes propagiert. In den 1990er Jahren hat sie ihre Raum- und Placekonzeption vor dem Hintergrund feministischer Argumente fortentwickelt. Folglich seien ihre Argumente nach zwei Phasen unterschieden: (1) Geography matters und (2) A global sense of place.

[*Geography matters*] Massey stellt die gleiche Forderung für die Geltung von Raum wie dies Agnew zuvor tat (vgl. 6.2.2.1): Raum kann nicht nur hinreichen, um die Kontingenz situierten Geschehens grundzulegen, dies wäre eine zutiefst minimalistische Position[202]. Stattdessen müssen auch notwendige Bedingungen und Beziehungen von ihrer Natur aus als räumlich begriffen werden:

Argument$_{\text{MASSEY}}$ „Yet necessary relations are not aspatial. How can 'necessary' relations be necessary if they depend, for example, on contiguity - unless that contiguity is specified? Inherent causal properties may depend on spatial form. What then happens to the argument that 'the spatial' is necessarily contingent?" (MASSEY 1994a: 18)

Die Position wird damit deutlich: Massey argumentiert ebenso wie Agnew gegen das realistische Argument Sayers zur Grundlegung von Raum. Während dieser im Raum nur die apriorische Möglichkeit kontingenter, spezifischer Ereignisse konzipiert, behaupten jene über den kontingenten Charakter des

---

[202] Massey (1994a: 18)

Raumes hinaus seine Bedeutung für notwendige Bedingungen/Beziehungen. Die Begründung findet Massey in der Gegenfrage: Wie können notwendige Beziehungen aräumlich sein, wenn sie doch in ihrem Wirken von Nähe/Kopräsenz abhängen? Zunächst erscheint diese Frage plausibel, jedoch fällt im Vergleich auf, daß Sayer anhand des Positionsargumentes bei Buchstaben[203] den gleichen Gedanken verwendet, um das space makes a difference - Argument zu begründen: Erst in der spezifischen räumlichen Konfiguration von Phänomenen erlaubt sich eine Aussage über das kontingente bzw. kontextuelle Zusammenwirken notwendiger und kontingenter Bedingungen und Beziehungen. Sayers Argumentation wurde bereits diskutiert und anerkannt. Wenn Massey nun tatsächlich die Klasse notwendiger Bedingungen/ Beziehungen zur Konstitution von Raum hinzuzieht, was müßte das bedeuten?

Aus der realistischen Terminologie wurden Notwendigkeit als vom Regularitätsprinzip befreites Allgemeines und Kontingenz als kontextspezifische Verknüpfungsmöglichkeit unabhängiger Relata eingeführt[204]. Sayer begründet Raum als Bedingung von Kontingenz und somit Kontextualität. Die Tatsache, daß Materie räumlich variiert, erlaubt die Konzeption von Kontingenz über das Räumliche. Was hieße es jetzt, auch das Allgemeine bzw. Notwendige räumlich zu konzipieren? Offensichtlich implizierte dies, daß selbst das Allgemeine räumlich variierte (denn das ist die Eigenschaft des Definiens von space makes a difference) und nicht mehr nur räumlich kontingent wirke oder nicht wirke. Noch radikaler formuliert, es implizierte anzunehmen, daß das Notwendige sich in Abhängigkeit vom Raum konstituiere, daß also in spezifischen Kontexten ganz andere inhaltliche Notwendigkeiten eines Phänomens bestünden, daß letztlich und konsequenterweise das Allgemeine nicht mehr sein Definiens erfüllte - nämlich allgemein und kontextinvariant zu sein: Das Notwendige/Allgemeine räumlich zu konzipieren bedeutet, Allgemeinheit zu unterminieren und erlaubt dann die Behauptung, daß spezifische Zusammenhänge (gänzlich) unterschiedlichen Mechanismen folgten. Es erlaubte ferner, Raum als Erklärungsfaktor für Variabilität von Mechanismen zu betrachten.

Die hier ausgeführte Radikalisierung des Notwendigkeitsargumentes von Massey und Agnew zeigt, daß es einer kritisch realistischen Erkenntnisperspektive

---

[203] siehe Argument$_{Sayer}$ in Abschnitt 6.1.1
[204] vgl. Abschnitt 5.1.3

widersprechen muß, da somit die apriorische Annahme einer vom Menschen unabhängigen Natur abgelehnt würde. Das Konzept der Notwendigkeit ist grundlegend über die Wirklichkeitsannahme konstituiert. Läßt sich nun eine solche Behauptung - die unterschiedlicher Quasi-Notwendigkeiten - bei Massey finden? Nein. Massey hält den Raum zwar für konstitutiv zum Verständnis sozialer Prozesse, nicht jedoch als autonomes Konzept:

> „Spatial distributions and geographical differentiation may be the result of social processes, but they also affect how those processes work. 'The spatial is not just an outcome; it is also part of the explanation." Aber: „It is not spatial form in itself (nor distance, nor movement) that has effects, but the spatial form of particular and specified social processes and social relationships." (MASSEY 1984: 4f.)

In ihrer Kritik an der spatial science macht sie deutlich, daß sie keineswegs an einem unabhängigen Begriff von Raum interessiert ist, der sich außerhalb der betrachteten Phänomene konstituiert. Sondern es ist ihr Ziel, Raum und den relevanten Objektbereich synthetisch zu konzipieren[205]: „It is not just that the spatial is socially constructed; the social is spatially constructed too." (MASSEY 1984: 6) Raum bedeutet für Massey die räumliche Form und Anordnung der Dinge, die darüber hinaus als einzigartig anzuerkennen ist. An diesem Punkt erfährt der Begriff Place seine Bestimmung:

> „Any consideration of geography in the fullest sense of the word must face up to the theoretical problem of the analysis of the unique. In one sense the very thing that we study is variation: each place is unique." (MASSEY 1984: 8)

Es ist diese Einzigartigkeit, der sie gegenüber dem Allgemeinen so viel Erklärungskraft entgegenhält, denn das Allgemeine geschieht nie ohne Kontext, sondern wird in jedem Ort auf einzigartige Weise rekombiniert. Schließlich rechnet Massey dem Ort - ebenso wie Agnew, Pred, Tuan etc. - die Möglichkeit eines sense of place zu: Die Verpflichtung und Empfindung einer Gemeinschaft gegenüber einem Ort könne große Bedeutung erlangen, z.B. im Widerstand gegen unerwünschte Planungseingriffe. Es sei hier nur an die Kritik zu Agnew und Pred in den vorangegangenen Kapiteln erinnert, um die Schwierigkeiten zu zeigen, die mit der Idee von Regionalbewußtsein zusammenhängen.

---

[205] Massey (1994a: 18)

Masseys Notwendigkeits-Argument des Raumes kann aufgrund der skizzierten konzeptionellen Konsequenzen in ihrer weiteren Argumentation nicht begründet werden. Offensichtlich geht es ihr nicht um die Suspension von allgemeiner Theorie, sondern um eine immanente Konzeption der Dinge in ihrer Räumlichkeit. Abgesehen von ihrem Plädoyer für das Regionalbewußtsein und der mißverständlichen Begründungsweise von Raum widersprechen ihre Argumente nicht der realistischen Perspektive von Sayer.

[*A global sense of place*] In jüngeren Arbeiten legt Massey ein feministisch informiertes Place-Konzept vor, daß einige Schwächen konventioneller Denkarten von Ort überkommen soll. Woran stört sich Massey im allgemeinen Verständnis von Ort? In *Space, Place and Gender* (1994b) kritisiert Massey eine Reihe von Attributen, die dem konventionellen Ortsverständnis anhaften: Demnach wird Raum/Ort qualifiziert als

- begrenzt, singulär und fixiert[206]
- statisch und unpolitisch[207]
- romantisch und escapistisch[208]
- Synonym von Gemeinschaft (community)[209] und damit homogen

Masseys Kritik rekurriert grundlegend auf die feministische Dekonstruktion der dichotomen Denkart und Begriffsbildung. Ausgangspunkt ihrer Analyse der statischen Sichtweise von Raum/Ort bildet die von Laclau[210] propagierte Kontraposition von Raum und Zeit, in der er der Zeit dynamischen und daher politisch relevanten Charakter zuschreibt. Die feministische Kritik besitzt folgende Struktur:

> „this kind of dichotomous thinking, together with a whole range of the sets of dualisms which take this form are related to the construction of the radical distinction between genders in our society, to the characteristics assigned to each of them, and to the power relations maintained between them. (...) such a mode of constructing difference works to the advantage

---

[206] Massey (1994b: 5)
[207] Massey (1994b: 250)
[208] Massey (1994b: 151)
[209] Massey (1994b: 153)
[210] Laclau, E. (1990): New Reflections on the Revolution of our Time. - London, Verso; übernommen aus Massey (1992: 66f.)

of certain (dominant) social groups, that almost any ideology based on A/Not-A dichotomy is effective in resisting change. Those whose understanding of society is ruled by such ideology find it very hard to conceive of the possibility of alternative forms of social order (third possibilities). Within such thinking, the only alternative to the one order is disorder." (MASSEY 1992: 72)

Dichotome Begriffsbildung beruht nach Massey folglich auf (1) der Privilegierung eines Zustandes oder einer Ordnung, die positiv definiert wird, (2) einem antagonistischen Komplement, das als „Nicht-A" mit den Attributen des unerwünschten Zustandes bzw. Ordnung definiert wird und (3) dem Ausschluß dritter Möglichkeiten. Im engeren Sinne beruhen dichotome Begriffsbildungen nicht einmal auf der Unterscheidung zweier Eigenschaftsdimensionen A und B, sondern allein auf der Eigenschaftsdimension A, aus der sich „Nicht-A" durch Negation logisch ergibt. Dichotome Dualismen politisiert Massey am Beispiel der Genderproblematik: In der Unterscheidung der Frau vom Mann erfüllt das Konzept der Frau lediglich die Residuen der positiven Eigenschaften des Mannes. Gleiches gilt für den Raum gegenüber der Zeit und für den Ort gegenüber dem Raum[211].

Ausgehend von dieser Kritik bestimmt Massey einen alternativen Entwurf des Raumes auf der Grundlage einer interdependenten und interrelationalen Konzeptionsweise im Gegensatz zu ausschließenden Dualismen. Dies impliziert die Auffassung, daß „space (...) not static, nor time spaceless" (MASSEY 1994b: 264) ist. Stattdessen ist Raum nur in einer Raumzeit zu denken, die die Möglichkeiten von Ordnung und Chaos gleichermaßen einschließt. Der Begriff des Raumes ist somit relational definiert. Aus dem Kontext der Raumzeit spezifiziert Massey einen inhaltlichen Ortsbegriff folgendermaßen:

> Place$_{\text{MASSEY}}$: Wird Raum im Kontext der Raum/Zeit auf sozialen Interrelationen begründet gedacht, ergibt sich Place als partikulare Artikulation dieser Relationen, als partikulares Moment der Netzwerke dieser Relationen (MASSEY 1994: 5) Raum ist der Moment der Inter-

---

[211] Massey (1994b: 7). Den konzeptionellen Vergleich der Begriffsdualismen Raum/Zeit und maskulin/feminin formuliert Massey explizit: „Thus where time is dynamism, dislocation and History, and space is stasis, space is coded female and denigrated" (Massey 1994b: 258)

sektion einer sozialen Beziehung, anstelle absolute Dimension zu sein (MASSEY 1994: 265)

Diese Definition impliziert eine Reihe von Attributen, die dem Ort zuzuschreiben sind. Anstelle der konventionellen Eigenschaften, die Massey zuvor kritisierte, ist Place nun zu begreifen als:

- dynamisch, grenzfrei und extrovertiert: Der Ort ist gemäß der Struktur seiner sozialen Interrelationen nur aus der Interrelation zu anderen Orte zu verstehen. Seine Identität ist relational angelegt. So integrieren sich Globales und Lokales, der romantische Escapismus ist konzeptionell beigelegt[212].

- fragmentiert und multipel: Places haben nicht eine Identität, sondern sie sind erfüllt von interner Vielfalt und Konflikten. Ein Ort repräsentiert nicht nur eine homogene Gemeinschaft, denn diese ist netzwerkartig und nicht notwendigerweise kopräsent zu denken. Sondern Ort ist fragmentiert und umfochten im Rahmen einer Machtgeometrie[213].

- ahistorisch und einzigartig: Die Spezifität des Ortes wird kontinuierlich reproduziert. Die Spezifität resultiert aber nicht aus einer langen internalisierten Geschichte (Tradition ist ebenso konstruiert wie Gegenwart), sondern aus der immer gegenwärtigen Intersektion sozialer Beziehungen[214].

[*Diskussion*] In der Fassung des global sense of place hat Massey ihr Denken von Raum und Ort selbst wesentlich dynamisiert und hinsichtlich der kausalen Metaphorik der Geography matters - Argumentation entlastet. Sie betont hier weniger die ontologische und kausale Relevanz von Raum als vielmehr die Chance, durch räumliche Begrifflichkeit das Soziale zu erschließen. Daher lehnt die Definition von Ort stark an soziale Beziehungen, deren Intersektion in Kopräsenz und deren Verweisungsstruktur in Absenz an. Masseys Raumverständnis ist somit im wesentlichen relational, jedoch bleiben zwei kritische Aspekte anzumerken: (1) das Konzept der Identität von Ort und (2) das Konzept der Einzigartigkeit.

---

[212] Massey (1994b: 155)
[213] Massey (1994b: 137, 149, 265)
[214] Massey (1994b: 155)

Zu (1): Wenn Ort als Artikulation momentaner sozialer Intersektionen gedacht wird, dann ist fraglich, welche Absicht hinter der Behauptung einer Identität des Ortes steht. Der Placedefinition folgend ist Raum perspektivisch denkbar, quasi als Netzwerkperspektive, anhand derer Knoten bzw. Intersektionen fokussiert werden können. Einer Perspektive jedoch eine Identität zuzusprechen, bedeutet zwangsläufig, sie als Objekt zu ontologisieren, d.h. sie nicht als Perspektive, sondern als Tatsächlichkeit zu denken. Massey selbst führt die Funktion, die eine Identität des Ortes vermitteln soll, selbst nicht aus. Außerdem führt eine Beforschung der Identität eines Ortes wieder zu einer raumzentrierten Perspektive, die vom Akteur abstrahiert und damit den sozialen Ursachen des sozial bestimmten und ex post reifizierten Raumes/Ortes nicht gerecht wird.

Zu (2): Eng verwandt mit der Frage der Identität ist die der Einzigartigkeit. Welche Funktion erfüllt das Konzept der Einzigartigkeit vor dem Hintergrund eines Konzeptes der Spezifität? Entrikin (1991) weist auf die Unterschiedlichkeit der Konzepte hin. Während mit dem Konzept von Spezifität der Kontextualität von Ereignissen Rechnung getragen wird, beansprucht das Konzept der Einzigartigkeit darüber hinaus eine Exklusivität in der Identität des Ortes, die über den Anspruch hinaus wohl kaum nachzuweisen ist. Außerdem ist unklar, welche Funktion diese Behauptung erfüllt. Ähnlich wie z.B. bei Robert Sack ist das Motiv eines solchen konzeptionellen Anspruchs an den Ort eher persönlich begründet: „I nonetheless did not want to give up on one of the things which has always attracted me to 'geography' - a love of place and an appreciation of specificity." (MASSEY 1997: 1) Hier wird die Auffassung vertreten, daß das Konzept der Einzigartigkeit keine instrumentelle bzw. empirische Bedeutung hat und selbst von Advokaten wie Massey nicht in seinem Nutzen begründet wird. Seine Verwendung scheint jedoch eng an das Konzept der Identität angelehnt, das zuvor bereits als reifikatorisch und raumzentriert behauptet wurde.

6.3 Geographie als Rahmenbedingungsforschung?

[*Zusammenfassung*] Die wichtigsten Aussagen seien zunächst einander gegenüber gestellt. Hinsichtlich der erkenntnistheoretischen Begründungsversuche der Relevanz von Raum sind zwei gänzlich verschiedene Ansätze vorgestellt worden. Andrew Sayer und Robert Sack reißen die Spannweite des gegenwärtigen Raumdiskurses in seiner ganzen Radikalität auf. Während Sayer aus einem metatheoretischen und methodologischen Forschungsinteresse heraus sorgfältig seine Argumente für die Bedeutung von Raum entwickelt[215], formuliert Sack in der Interpretation eines sehr konservativen Realismus ein radikal raumzentriertes Forschungsprogramm, das Raum hypostasiert sowie zum Kausalfaktor und Forschungsgegenstand erhebt. Sayer argumentiert, daß Raum bzw. die räumliche Form der Dinge als Kontingenzfaktor die Möglichkeit für Kontextspezifität eröffnet. Raum erfährt dabei keinerlei weiterführende ontologische Reifikation oder Ursächlichkeit, sondern macht nur insofern einen Unterschied, als er Kontextspezifität geschehen lassen hilft. Denn über den Raum als Kontingator kann Sayer das Konzept des Erkenntnis-/Erklärungskontinuums zwischen notwendigen und kontingenten Bedingungen einführen. Notwendigkeit ist dabei die Grundlage dekontextualisierten Erklärens, wobei Notwendigkeit von Regularität unterschieden wird. In der Abhängigkeit von den Explananda, die ontologisch mehr oder weniger kontextvariant sind, kann dann ein Erklärungstyp als adäquater als der andere qualifiziert werden. Raum dient der Grundlegung einer Sozialmethodologie. Einen Versuch, Raum doch noch raffiniert zu reifizieren, wehrt Sayer ab: Raum/Place sind keine Analogien zu nomologisch/kontextuell. Die Erklärungstypen hängen nicht von Raumdimensionen ab (hier liegt die Hypostasierungsfalle), sondern von Handlungskontexten, die räumlich alle Dimensionen einnehmen können. Raum ist nicht Kontext, sondern Raum ist Bedingung von Kontext. Sacks Projekt ist hingegen nicht als konsistent zu betrachten. Seine Beweisfiguren für Substantialität und Kausalität sind inadäquat, seine Argumentation für Raum als Forschungsgegenstand ist - normativ - aus der Sicht eines akteurszentrierten Forschungsinteresses abzulehnen.

---

[215] Andrew Sayer kann aufgrund seiner Kritik am Substantialismus als moderater Vertreter des philosophischen Realismus eingeschätzt werden; vgl. dazu Häkli (1994: 75)

Auf der objekttheoretischen Ebene begegnen wir zahlreichen Versuchen einer revidierten Raumbestimmung, die auf strukturationistische Argumente rekurrieren. Während Giddens mit dem Konzept der Locale ein relatives Raumverständnis vertritt, da die physische Umwelt nur in ihrer Handlungskontextualität bzw. Relevanz für die soziale Praxis Bedeutung erfährt, reifiziert Agnew dieses Localekonzept durch seine erdräumliche Lokalisation. Agnew argumentiert für eine Placeperspektive, meint aber eine Placeforschung[216]. Trotz einer anderen Herangehensweise an das Konzept des Ortes verbleibt Pred ebenso wie Agnew in einer raumzentrierten Perspektive. Gegenstand seiner Untersuchung ist nicht etwa die raumverwendende soziale Praxis wie sie Werlen vorgeschlagen hat[217], sondern die sozial konstituierte Räumlichkeit, nicht die Raumverwendung, sondern die Raumwerdung. Dabei unterliegt Pred gerade bei Forschungszielen wie dem sense of place der Inadäquanz zwischen dem Explanans (soziale Sinnsetzungen) und dem Explanandum (Ortswerdung als physische Umwelt). Sein Forschungsprogramm bleibt räumlich, verwendet folglich eine räumliche Semantik in der Erfassung des Sozialen und legt ein ontologisiertes Konzept von Raum/Ort zugrunde.

Anders die pragmatisch informierten Locality-Konzepte. Anhand der Argumentationen von Cooke und Cox/Mair zeigt sich explizit eine sozialwissenschaftliche Perspektive, die vielmehr im empirischen als theoretischen Rahmen räumliche Referenzkategorien einsetzt. Locality ist hier im Grunde nur als Untersuchungsfall bzw. als Abgrenzungskriterium des sozialen Untersuchungsfalles zu verstehen. Die Persistenz einer räumlichen Metaphorik der sozialen Inhalte muß jedoch auf Kritik stoßen, da soziale Begrifflichkeit und Bedeutung räumlich rekodiert und tendenziell homogenisiert werden. In den Locality Studies, unter denen die von Cooke und Cox/Mair als Stellvertreter herausgegriffen wurden, klaffen Forschungsabsicht (soziale Problemforschung) und Forschungsterminologie (Raum/Locality) konzeptionell auseinander.

Doreen Massey hat nach ihrer Phase des geography matters ein feministisch informiertes Raumverständnis formuliert, das sich m.E. grundsätzlich in eine soziale Netzwerksprache übersetzen läßt. Indem sie Ort als momentane Intersektion sozialer Beziehungen begreift, unterlegt sie das permanente Interagie-

---

[216] vgl. Kapitel 7 zur Diskussion von Raum als Perspektive.
[217] vgl. Kapitel 4

ren von Menschen einem räumlich-punktuellen Fokus, durch den sie spezifische Intersektionen schauen kann. Als problematisch haben sich Masseys Konzepte der Identität und der Einzigartigkeit erwiesen. Ihre Funktionen werden im Rahmen des theoretischen Entwurfes nicht begründet und sind in der Diskussion als inadäquat bewertet worden, da sie die Perspektive als Tatsache reifizieren (Identität) und jeder perspektivischen Darstellung von sozialer Intersektion unnötigerweise apriorische Einzigartigkeit zuweisen. Identitäts- und Einzigartigkeitsbehauptung des Ortes ontologisieren die räumliche Perspektive zum räumlichen Gegenstand und lenken die Aufmerksamkeit auf diesen Gegenstand und nicht auf das Soziale, gleichwohl er sozial definiert ist.

Objekttheoretische Konzeptionen wurden von erkenntnistheoretischen unterschieden, weil sie konkrete Raumkonzepte produziert haben, die Raum zum integrativen Gegenstand geographischen Forschens erklärt haben. Erkenntnistheoretische Konzeptionen (Sayer, Sack) haben Raum auf einer Metaebene zu verankern gesucht, die sich auf das Wissenschaftliche Erkennen des Sozialen als solches stützte. Sack hat sein Raumverständnis sowohl meta- als auch objektperspektivisch grundgelegt.

[*Konklusion*] Was lernen wir aus der kontextualistischen Reformierung des Raumverständnisses? Die Konzeptionen weisen z.T. in sehr unterschiedliche Richtungen, obwohl die Autoren allesamt zu der Bewegung erkenntnistheoretischer und/oder objekttheoretischer Kontextualisierung hinzugerechnet werden können. Welche Aspekte haben kontextualistische Konzeptionen zusammengetragen, um den Dualismus zwischen substantialistischen und relativen Denkarten vom Raum aufzulösen? In erkenntnistheoretischer Hinsicht hat der kritische Realismus, wie ihn Sayer vertritt, einige Anregungen gegeben. Zunächst gibt er gegenüber dem Positivismus das Regularitätsprinzip und die Gesetzesartigkeit auf, um über das Kontingenzprinzip der Kontextualität von empirischen Erscheinungen und Beobachtungen Rechnung zu tragen. Gegenüber dem Relativismus behauptet er aber die apriorische Annahme einer subjektunabhängigen Wirklichkeit, über die der Kontingenz die Notwendigkeit gegenübergestellt wird. Sayers Beschäftigung mit dem Problem der Kontextualität führt ihn dazu, die Möglichkeit von Kontingenz bzw. von Kontext in der Körperlichkeit - und aufgrund des Prinzips körperlicher Ausdehnung - im Raum zu begründen. Raum gewinnt ähnlich wie bei Kant den Charakter eines Prinzips: Hier als Prinzip der Möglichkeit von Spezifität und dort als Prinzip reiner Anschauung der Dinge. Raum im Sinne von Sayer erfüllt damit alle vier Leitkriterien: Er ist weder hypostasiert, noch kausal wirksam, noch Forschungsgegenstand, denn Raum ist nicht gleich Kontext. Auch eine räumliche Semantik erfüllt bei Sayer keine Funktion. Auf der fachtheoretischen Ebene hat Raum keine zentrale Funktion mehr, seinem konzeptionellem Wert wird erkenntnistheoretisch entsprochen. Und Raum ist auch nicht als physische Welt zu denken, sondern als über die Körperlichkeit und ihre Ausdehnung konstituiertes Prinzip. Konsequenterweise spielt Raum dann keine Rolle mehr als unterscheidendes Merkmal der Geographie von anderen Erfahrungswissenschaften, es sei denn man wolle Geographie als Wissenschaft des Kontingenten gegenüber den Wissenschaften des Notwendigen fassen: Dies bedeutete eine neue Arbeitsteilung der Disziplinen, die jedoch kaum von Sayer beabsichtigt sein wird. Wenn also nicht der Raum zentrales Konzept der Geographie werden kann, welches dann?

Vielleicht der Kontext: Doch im Grunde haben sich in den unter Kapitel 6 vorgestellten Raumkonzeptionen die Erwartungen nicht einlösen lassen. Sack, Pred und Agnew denken zwar auf unterschiedlichen Pfaden, jedoch Raum/Ort immer als Konstituante/Agens, der das Soziale mitbedingt. Hypostasierung, Kausalfunktion, Forschungsgegenstand, räumliche Semantik: In allen vier Punkten unterscheiden sich die Raumverständnisse - trotz raffinierter theoretischer Bestimmung - nicht grundlegend von absoluten Raumkonzeptionen. Giddens bietet die Locale als handlungsrelevante physische Umwelt an, ein passives Ortskonzept, das aber wohl als Kontext in Frage kommt. Bei Giddens erlangt die Locale keinen Status als Forschungsgegenstand, gerade dies scheint aber im Interesse der Reinterpreten Agnew und Pred zu liegen. Ist es dann möglich, Orte als Kontexte zu erforschen? Sayer z.B. lehnt eine Unterscheidung von Kontext und Rahmenbedingungen ab[218], so daß eine Kontextbeforschung in Form einer ortszentrierten Geographie letztlich eine Rahmenbedingungsforschung wäre. Während also im raumwissenschaftlichen Ansatz Raum als Explanans behandelt wurde, und während Werlen und Klüter räumliche Kategorien bzw. deren soziale Verwendung als Explanandum begreifen, wäre ein kontextuelles Ortsverständnis, das nicht hypostasiert und als kausalwirksam erklärt wird, dennoch aber Forschungsgegenstand bleibt, als Cluster von

---

[218] Sayer (1991: 287)

Antecedensbedingungen zu behandeln. Es ist jedoch schnell einzusehen, daß Ort als Kontext kein tragfähiges Forschungsdesign zuläßt:

- Wenn Ort im Konzept des Kontextes Forschungsgegenstand ist, dann sind die Kriterien der Kontextrelevanz zu klären. Diese sind aus sozialwissenschaftlicher Perspektive natürlich auch als soziale zu formulieren. Dann stehen allerdings die sozialen Praktiken wieder im Mittelpunkt, über die Ort in seiner Alleigenschaft erst selektiv angesprochen werden muß. Dies entspricht dem Ansatz von Giddens: Ort kann hier unmöglich Forschungsgegenstand bleiben.

- Wird Ort als konstitutive Größe behandelt, die existiert und wirkt, dann greift die grundsätzliche Kritik des raumwissenschaftlichen Ansatzes. Ferner wurde aufgezeigt, daß zentrale Konzeptionselemente der Ansätze von Pred, Agnew und Sack der selben Kritik ausgesetzt werden müssen.

- Wird Ort im Konzept des Kontextes als Soziales gefaßt, dann ist der Begriff redundant gefaßt. Über die Verwendung von Raum als das räumliche Soziale muß Raum forschungslogisch identisch sein mit dem Sozialen, d.h. Explanans und Explanandum von sozialen Tatsachen. Diese Sichtweise lädt ein, räumliche Semantiken des Sozialen zu verwenden und damit Problemformulierungen unnötig zu verklausulieren.

Wenn Geographie als Rahmenbedingungsforschung abzulehnen ist, ebenso als Raumforschung (vgl. Kapitel 3), dann ist zu fragen ob neben einer Geographie als Sozialforschung von Regionalisierungsweisen wie sie Werlen vertritt, mit den Anregungen von Massey oder Sayer nicht ein alternatives Raumverständnis begründet werden kann. Dieser Frage wird in Kapitel 7 nachgegangen.

7 Konklusion - Räumliche Perspektive und Problemforschung

Was bedeutet es, Raum als Perspektive zu begreifen? Welche Konsequenzen impliziert ein Konzept räumlicher Perspektive für die Geographie? Wo liegen die Gemeinsamkeiten/Unterschiede zu den bisherigen Raumkonzeptionen?

7.1 Ausgangslage

In den vorangegangenen Kapiteln wurden grundsätzliche Denkarten von Raum vorgestellt und in ihren programmatischen Umsetzungen in der Geographie diskutiert. Die Differenzierung der Raumkonzepte erfolgte nach den Kriterien (1) ontologischer Status, (2) Kausalfunktion, (3) Rolle im Forschungsdesign und (4) Art der Semantik.

Anhand einer Darstellung des philosophischen Diskurses über Raum sind in Kapitel 2 absolute und relative Konzeptionsart dialektisch unterschieden worden, das epistemologische Konzept von Kant wurde als eine mögliche Alternative vorgestellt und diskutiert. Die vier Leitkriterien dieser Untersuchung sind unabhängig von geographischen Konzepten als Differenzierungsmerkmale der grundsätzlichen Konzeptionsweise herangezogen worden.

Fig 13 Qualifizierung von Raum in geographischen Programmen

Leitkriterien	Raumwissenschaft	Geographie alltäglicher Regionalisierungen
(1) *ontologischer Status*	Gegenstand	Begriff
(2) *Kausalfunktion*	Explanans	Nein
(3) *Status im Forschungsdesign*	Erkenntnisobjekt	Erkenntnisinstrument
(4) *räumliche Semantik*	ja	möglich

In Kapitel 3 ist das absolute Raumkonzept in seiner forschungsprogrammatischen Umsetzung im spatial approach vorgestellt und aus sozialwissenschaftlicher Perspektive abgelehnt worden, da es Raum über das Distanzparameter ontologisiert, kausalen Einfluß auf das soziale Geschehen einfordert und Raum zum Forschungsobjekt erhebt. Der absolute Raum impliziert eine Raumforschung, die konzeptionell inadäquat gegenüber sozialen Fragestellungen ist (*Fig 13*).

In Kapitel 4 wurde ein revidiertes relationales Raumkonzept im Programm der Sozialgeographie alltäglicher Regionalisierungen betrachtet. Mit dem Ziel einer subjektzentrierten Sozialforschung, die alle theoretisch und empirische Aufmerksamkeit auf die sozialen Praktiken lenkt, wurde die konsequente Konstruktion eines formal-klassfikatorischen Raumbegriffs skizziert: Raum ist hier weder Substanz, noch kausal wirksam, noch Forschungsobjekt. Daneben formulierte Werlen die Absicht einer Vermeidung räumlicher Semantiken explizit aus. Das relationale Raumkonzept verpflichtet im Rahmen des Programms von Werlen auf eine Beforschung der Formen der Weltbindung, die Menschen in sozialen Praktiken über die Instrumentierung von Raum leisten. Auf die enge Festlegung des Programmes auf empirische Formen alltäglicher Weltbindung mittels Raumverwendungen wurde hingewiesen.

Als zentrales Problem begleitete diese Untersuchung die Frage nach einer konzeptionellen Alternative zu absoluten vs. relationalen Raumkonzeptionen. Dieser Anspruch wurde in einer Reihe zeitgenössischer angelsächsischer Entwürfe formuliert. Während die konventionellen Raumkonzepte auf klassische Erkenntnistheorien rekurrieren, gründen die alternativen Entwürfe auf einer kontextualistisch reflektierten Wissenschaftsauffassung, die in ihren Grundzügen im Kapitel 5 beleuchtet wurde. Zentrale Kennzeichen einer kontextualistisch revidierten Wissenschaftsauffassung sind die Suspension von Gesetzesartigkeit und Regularität zugunsten von Situiertheit und Spezifität von Erkenntnis, Formen der Erklärung singulärer Kausalität und die Anerkennung von Kontingenz empirischen Weltgeschehens. Insgesamt betont der Kontextualismus sowohl erkenntnis- als auch objekttheoretisch die Kontextualität, d.h. raumzeitliche Spezifität empirischer Erscheinungen.

Der Kontextualismus stellt zugleich das Fundament der Raumkonzepte dar, die in Kapitel 6 rekonstruiert wurden, wobei die einzelnen Entwürfe keineswegs als gleichgerichtet identifiziert werden konnten. Sowohl auf der Ebene einer erkenntnistheoretischen als auch auf der der objekttheoretischen Begründung des Raumes haben sich unterschiedliche Argumentationen nachzeichnen lassen, deren Implikationen bewertet wurden. Als fruchtbare Überlegungen haben sich die Argumentation von Sayer für die Idee von Raum als Kontingator und von Massey für raumzeitliche Intersektionen sozialer Beziehungen entpuppt. In diesem Abschnitt werden Gedanken eines alternativen Raumverständnisses vorgelegt, das Raum als Perspektive behandelt.

7.2 Räumliche Perspektive

[*Vorbemerkung*] Abschließend sollen einige Anmerkungen gemacht werden, die für eine Konzeption des Raumes als Perspektive - nicht als Substanz oder Begriff - sprechen. Es ist nicht Ziel der vorliegenden Untersuchung, ein kohärentes Konzept räumlicher Perspektive zu präsentieren, sondern es sollen in Fortführung der Diskussion um absolute, relative und kontextualistische Raumverständnisse einige alternative Anhaltspunkte gesammelt werden.

[*Was heißt räumliche Perspektive nicht?*] Aus den diskutierten Konzeptionen lassen sich zunächst zwei Aussagen darüber treffen, was ein Verständnis von Perspektive nicht bedeutet: So spricht erstens Agnew von einer Placeperspektive[219], die aber letztlich als Placezentrierung gewertet werden muß. Denn durch die Erklärung des Ortes zum Forschungsgegenstand meint Agnew wohl eher eine Placeforschung als eine lokale/räumliche Perspektive, durch die er das Soziale zu sehen wünscht. Auch liegt hier - zweitens - der kritische Punkt im Konzept des global sense of place von Doreen Massey: Ihr Raumverständnis ließe sich durchaus als Sichtweise des Sozialen betrachten, wenn sie nicht Ort eine eigene Identität und damit Tatsächlichkeit zuschreiben würde. Sie begründet Raum im ersten Schritt perspektivisch, um ihn durch die Konzepte von Identität und Einzigartigkeit letztlich doch zu vergegenständlichen. Es ist nicht einsichtig, einer Perspektive eine Identität zuzuschreiben, denn dann böte sich eben diese Identität als Explanandum, vielleicht sogar als Explanans[220] an und könnte zum Forschungsgegenstand erklärt werden. Dieser Gefahr gilt es aus dem Weg zu gehen. Ein Verständnis von Raum als Perspektive kann nur dann formuliert werden, wenn Raum (1) weder als gegenständlich, (2) noch als kausal wirksam, (3) noch als Forschungsgegenstand, (4) noch als Bedeutungssprache einer anderen Sachdimension (räumliche Semantik) gedacht wird.

---

[219] Agnew (1987: 41f.)
[220] vgl. die Ansätze zum *sense of place* bei Agnew, Pred, Tuan in Kapitel 6.2.2

Diese Anforderungen erfüllt bereits das relative Raumkonzept von Werlen: Dort wird Raum als Begriff behandelt, vor allem deshalb, weil er als erfahrungszugänglich und -veränderlich nachgewiesen wurde. Raum nun aber als Perspektive im Unterschied zu Begriff zu denken, was bedeutet das?

[*Was heißt räumliche Perspektive?*] Eröffnen wir die Argumentation mit einem empirischen Beispiel. Johnston veranschaulicht die Zielsetzung seiner geographischen Forschungsbemühungen anhand eines Streiks der National Union of Mineworkers 1984/85 (NUM) in Großbritannien[221]. Sein Interesse richtet sich auf die territoriale (räumliche, regionale) Variation der Ausprägung des Streiks, so daß er die lokalen Mechanismen bzw. Ursachen des unterschiedlichen Streikverhaltens erörtert. Anhand fünf verschiedener regionaler Streiktypen[222], die über den Anteil der Streikenden und die Dauer des Streiks gebildet wurden, diskutiert er die sozio-ökonomischen bzw. kulturellen Kontexte, die das jeweilige Verhalten begünstigten.

Die geographische Fragestellung in diesem Beispiel ist das Problem, warum eine bestimmte Region den Streik nicht unterstützt hat. Die gedankliche Strategie von Johnston ist - stark verkürzt - folgende:

- Ursachensuche für das Streikverhalten im allgemeinen: Streikneigung des Einzelnen in Abhängigkeit von der ökonomischen Lage der eigenen Mine (sichere versus schließungsgefährdete Minen)
- Hypothese: Sichere Minen werden weniger am Streik partizipieren als andere.
- Empirische Beobachtung: Eine Region mit sicherer Entwicklungssituation partizipiert stark an den Streiks.
- Erklärungsansatz über die Place-Perspektive: Besondere (Rahmen-) Bedingungen in dem Ort/ der Region modifizieren die allgemeine Hypothese.

Diese Vorgehensweise erinnert sehr stark an Sayers Raumverständnis: Raum als die Möglichkeit von Kontingenz/Kontextspezifität zu behaupten, impliziert die Möglichkeit, über eine räumliche Perspektive die Unterschiede des Zu-

---

[221] Johnston (1991b: 101f.)

[222] Im einzelnen unterscheidet er: (1) solid-for-the-strike, (2) non-strikers, (3) halfs-and-halfs, (4) rapid returners und (5) undecided

sammenwirkens von notwendigen Beziehungen (hier: utilitaristisches Selbstinteresse) und kontingenten Beziehungen (hier: abweichende Tradition der Arbeitsorganisation, starke materielle Kontrolle über die Betriebswohnungen auf die Belegschaft, abweichende Organisation politischer Aktivitäten[223]) im Kontext zu untersuchen. Aus der skizzierten Forschungsstrategie wird deutlich, daß die räumliche Perspektive das Schlüsselkonzept zur Konzentration auf die Kontextspezifität ist, ohne die die monokausale Erklärung durch die notwendige Beziehung die spezielle Ursache des Streiks in einer Region X nicht aufklären könnte. Johnston erklärt die räumliche Perspektive zum Kernkonzept der Geographie, das sie in die Sozialwissenschaften einbringen kann[224]. Die Vorteile einer Place-Perspektive erkennt Johnston in zwei Aspekten:

- Anerkennung der Diversität in der Welt[225]
- Vermeidung von Überspezialisierung und Monokausalismen durch Integration kontextrelevanten Wissens zu einer Place-Perspektive[226]

Als Ziel geographischer Forschung erklärt er folglich die ortsperspektivische Erforschung der Vielfalt des Lebens:

> „The case for geography developed here is that we must recognize the need to study wholes - places that are milieux (...) within which ways of life are constructed and reconstructed and within which individuals are socialized into an appreciation of who they are and what is expected of them. Without promoting the study of those milieux in their full diversity, we will not advance understanding of the rich mosaic that is, and always will be, the world that we live in." (JOHNSTON 1991b: 256)

Ein wesentlicher Unterschied zwischen Johnstons empirischem Ansatz und dem bereits diskutierter Autoren besteht in dieser Perspektive: Während z.B. Pred im Interesse der Ortswerdung einen einzelnen Ort untersucht, untersucht Johnston ein einzelnes Problem in seiner zwischenörtlichen Unterschiedlichkeit. Johnston nimmt damit eine räumliche Sichtweise ein, unter der er ein Problem fokussiert und seine Unterschiedlichkeit zu erklären versucht und

---

[223] Für eine detailliertere Darstellung vgl. Johnston (1991a: 138), (1991b: 110f.). Der Sachverhalt ist hier nur formal relevant für die Entwicklung des Perspektiven-Argumentes.
[224] Johnston (1991a: 144)
[225] Johnston (1991b: 252)
[226] Johnston (1991b: 253)

nicht einen Ort zum Gegenstand, um diesen aus sozialen Ursachen zu erklären oder gar aus diesem das Soziale zu erklären. In diesem Programm findet eine sozialwissenschaftlich motivierte Forschung Platz. Das besondere Erkenntnisinteresse, das die räumliche Perspektive impliziert, besteht dann nach Johnston in der Ergründung der Ursachen von Unterschiedlichkeit. Gleichzeitig könnte - mit Sayer - dieser Perspektive das Ziel zugrunde liegen, den Grad der Kontextvarianz von Untersuchungsgegenständen zu bestimmen.

Während Sayer die metatheoretische Begründung von Raum als Vorbedingung von Kontextualität als geeignetes Konzept vorgeschlagen hat, argumentiert Johnston, daß eine räumliche oder Ortsperspektive erst im empirischen Forschen relevant wird und im Grunde keinen theoretischen Eigenwert besitzt, der eine essentialistische Bestimmung der Leitkriterien bedingte. Das gleiche Argument vertritt auch Saunders in seiner Diskussion des Giddensschen Locale-Konzeptes. Dabei kritisiert er Giddens Bemühen um eine theoretische Berücksichtigung von Raum im Rahmen einer Sozialtheorie mit folgendem Argument:

„Space, in other words, refers simply to a specific combination of objects. Different things come together in different combinations at different places and with different effects. (...) As Sayer goes on to recognize, it follows from this that empirical analysis will necessarily take the spatial context (i.e. the contingent interrelationships of things in a particular place) into account. Theory, however, will be indifferent to the spatial context, for its concern lies in developing generalizable knowledge which transcends the particular conditions of any one specific place. Theory, in other words, is not interested in the contingent questions of whether or how specific combinations of factors come together in particular places, but is concerned rather to explain how these factors themselves might account for this or that phenomenon or tendency (...) there is nothing for theory to say about space!" (SAUNDERS 1989: 231f.)

Saunders Argument kann durchaus im Sinne eines Konzeptes von Raum als Perspektive interpretiert werden. Da Raum kein wirkungsfähiger Gegenstand ist, tritt er auch im Rahmen von Theorien nicht in Erscheinung. Sehr wohl aber erlaubt eine räumliche Perspektive einen bestimmten Zugang zu empirischen Problemen, wobei die räumliche Perspektive eine alternative Perspektive zu anderen darstellt. Bahrenberg liefert diesbezüglich einen hilfreichen Gedanken, wenn er die Möglichkeiten einer zukünftigen Orientierung der Geographie hinterfragt[227]. Er unterscheidet nach Luhmann[228] drei Dimensionen der empirischen Welt, nämlich funktionale Differenzierung, segmentäre Gliederung und hierarchische Stratifikation. Diese Dimensionen sind durchaus als Sichtweisen z.B. politischer oder sozialer Prozesse zu betrachten. Während funktionale und hierarchische Perspektiven das Soziale inhaltlich betrachten lassen, erlaubt die segmentäre Perspektive die regionale bzw. territoriale Anschauung des Gegenstandes. Für Bahrenberg besteht aufgrund des Territorialprinzips politischer Regulation der Gesellschaft die Möglichkeit und der Nutzen einer segmentären Perspektive. Denn wenn gesellschaftliche Regulation wesentlich territorial und weniger nach inhaltlichen Kriterien der sozialen Stratifikation ausgeübt wird, dann erlaubt eine räumlich-sensible Sichtweise andere Einblicke als eine sach-sensible Perspektive. Der beobachtete Gegenstand, das Soziale, bleibt aber unabhängig von der Wahl der Perspektive bestehen. Es stellen sich jedoch bezüglich des Gegenstandes unterschiedliche Probleme in Abhängigkeit von der Perspektive. Geographie wird dann zur Problemforschung aus räumlicher Perspektive[229].

Eine Anwendung der räumlichen Perspektive hat sich über die Beschäftigung mit dem Gegenstand der Territorialität etabliert. Neben Bahrenberg (1995) haben Johnston (1991a; b) und Sack (1983) den Problembereich der Territorialität konzeptionell bestimmt. Dabei bestimmt Sack Territorialität folgendermaßen:

> **Territorialität**$_{SACK}$. „The attempt by an individual or group (x) to influence, affect, or control objects, people, and relationships (y) by delimiting and asserting control over a geographic area. This area is territory." (SACK 1983:56) Territorialität ist eine Ausdehnung des Handelns durch Kontakt. Es ist eine Strategie der Herstellung von Zugriff. Territorialität ist nicht die Umschreibung der Dinge im Raum, sondern deren Umschreibung mit der Absicht der Einflußnahme.

---

[227] Bahrenberg (1995: 28-31)
[228] Luhmann, Niklas (1975): Soziologische Aufklärung 2. Aufsätze zur Theorie der Gesellschaft. - Opladen; übernommen nach Bahrenberg (1995: 29)
[229] vgl. z.B. Hägerstrand (1973: 67): „'Geography' implies a way of viewing (...) subject matter."

Über eine räumliche Perspektive werden soziale und politische Strategien des körpervermittelten bzw. territorial vermittelten Zugriffs auf Ressourcen und Menschen beobachtbar und analysierbar. Als populärstes empirisches Anwendungsfeld hat sich die Frage nach Strategien der Inklusion bzw. Exklusion manifestiert[230].

[*Diskussion*] Wo liegen die Unterschiede eines perspektivischen Verständnisses von Raum zum relationalen oder epistemologischen Raumkonzept von Werlen und Kant? Alle drei Konzeptionen entsprechen den vier untersuchungsleitenden Kriterien: Raum ist als Begriff, Prinzip und Perspektive nicht substantialistisch, nicht kausal wirksam, nicht Forschungsgegenstand und impliziert nicht notwendigerweise eine räumliche Semantik anderer Sachdimensionen. Gegenüber der begrifflichen Fassung von Raum verspricht die räumliche Perspektive jedoch eine größere Offenheit: Geographie hat sich unter einer räumlichen Perspektive nicht nur mit sozialen Verwendungen räumlicher Begrifflichkeit und Bedeutung zu befassen - hier ist der Raum als Begriff in gewisser Weise noch konstitutiv zur Bestimmung eines inneren Kerns der geographischen Disziplin - sondern erlaubt ebenso die Betrachtung von sozialen Prozessen, bei denen die Produktion räumlicher Markierungen von sozialen Symbolen nicht im Vordergrund steht. Als Beispiel sei an die Vergleichsstudie von Johnston zum Minenstreik in Großbritannien erinnert. Hier erlaubt die räumliche Perspektive im Sayerschen Sinne eine empirische Erschließung von Diversität, von Kontext, zu dessen Erschließung Raum nicht als Begriff behandelt wird. Ferner ist an Studien zu regionalen Disparitäten zu denken, in denen weniger die Produktion von räumlicher Begrifflichkeit, als kontextuelle Vergleiche ausgewählter Problemzusammenhänge betrachtet werden. Der Vorteil einer räumlichen Perspektive liegt also darin, daß sie den flexibleren Problembereich gegenüber der relationalen Sichtweise einräumt. Grundsätzlich sind relationale und perspektivische Konzeption von Raum wegen ihrer gemeinsamen Charakteristik hinsichtlich der Leitkriterien als arbeitsteilig bzw. kompatibel vorzuschlagen.

---

[230] Als Einführungen und Übersichten über Probleme der territorialen Inklusions-/Exklusionsstrategien siehe Johnston (1991a); Sibley (1988); Merrifield (1992), Sack (1983)

Gegenüber der epistemologischen Konzeption von Raum bei Kant ist zu betonen, daß eine räumliche Perspektive nicht als transzendental und apriorisch dem Wahrnehmen vorgegebenes Prinzip beansprucht wird, sondern vielmehr als Selektionskriterium zur Fokussierung bestimmter Probleme. Räumliche Perspektive ist als Analyseperspektive für empirische Forschung zu denken und nicht als propädeutisches Prinzip menschlicher Erkenntnismöglichkeit.

Welche Konsequenzen hat eine Auffassung von Raum als Perspektive? Benno Werlen ist es gelungen, eine nicht essentialistische Konzeption des Raumes vorzulegen, die einer Sozialforschung konzeptionell integriert werden kann. Dabei ist an eine Sozialforschung ganz bestimmten Typs gedacht: Die Erforschung sozialer Verwendungsweisen von räumlicher Begrifflichkeit. Die Sozialgeographie erhält damit einen Gegenstand, der sozialwissenschaftlich definiert ist, und somit einen disziplinären Kern. Dies ist einer raumwissenschaftlichen Geographie, wie sie Bartels formuliert hat, nicht gelungen. Denn seine Definition von Geographie benennt eine geographische Methode, die sich jeden Gegenstandes annehmen kann[231], nicht aber einen disziplinären Gegenstand behauptet. Eine räumliche Perspektive ist ebenso wenig in der Lage, einen geographischen Forschungsgegenstand festzulegen. Im Gegensatz zur Raumwissenschaft liegt das Forschungsinteresse jedoch nicht in der Erklärung körpervermittelter Sachverhalte durch räumliche Parameter (Distanz), sondern in der empirischen Begegnung von Unterschiedlichkeit und Kontextualität. Nicht Raumtheorien, sondern Sachtheorien sollen aus räumlicher Anschauung erforscht werden. Sayer hat diese Möglichkeit erkenntnistheoretisch im Rahmen des kritischen Realismus dargelegt und ich denke, daß sie eine integrationsfähige und arbeitsteilige Geographie ermöglicht, die nicht auf eine Essenz ihres Gegenstandes fixiert sein muß. Eine räumliche Perspektive verspricht ohne den Schutz eines direkt räumlichen oder räumlich mediatisierten Forschungsauftrages ein vielversprechend umfassendes Aufgabenfeld.

---

[231] vgl. Kritik zum *spatial approach* in Kapitel 3

8 Bibliographie

AGNEW, J., Livingstone, D. & A. ROGERS (eds.) (1996): Human Geography. An essential anthology. - Oxford

AGNEW, John (1995): Mastering space. - London

AGNEW, John (1989): The devaluation of place in social science. - In: Agnew, J. & Duncan, J. (eds.): The power of place. Bringing together geographical and sociological imagination - Boston

AGNEW, John (1987): A theory of place and politics - In: Ders.: Place and Politics. The geographical mediation of state and society - Boston, S. 25-43

ARISTOTELES (1987): Aristoteles' Physik. Vorlesung über die Natur. Zweiter Halbband: Bücher V bis VIII, herausgegeben von Zekl, Hans Günter. - Hamburg

BAHRENBERG, Gerhard (1997): Zum Raumfetischismus in der jüngeren verkehrspolitischen Diskussion - In: Eisel, U. & Schultz, Hans-Dietrich (Hrsg.): Geographisches Denken (=Urbs et Regio; Kasseler Schriften zur Geographie und Planung 65). - Kassel, S. 345-371

BAHRENBERG, Gerhard (1995): Paradigmenwechsel in der Geographie: Vom Regionalismus über den raumwissenschaftlichen Ansatz wohin? - In: Matznetter, Walter (Hrsg.): Geographie und Gesellschaftstheorie (=Beiträge zur Bevölkerungs- und Sozialgeographie, Bd. 3), Wien, S. 25-32

BAHRENBERG, Gerhard (1987): Über die Unmöglichkeit von Geographie als "Raum-wissenschaft" - Gemeinsamkeiten in der Konstitutierung von Geographie bei A. Hettner und D. Bartels - In: Bahrenberg, G./Deiters, J./Fischer, M./Gaebe, W./Hard, G./Löffler, G. (Hrsg.): Geographie des Menschen. Dietrich Bartels zum Gedenken (=Bremer Beiträge zur Geographie und Raumplanung H.11). - Bremen, S. 225-239

BAHRENBERG, Gerhard (1972): Räumliche Betrachtungsweise und Forschungsziele der Geographie. - In: Geographische Zeitschrift, S. 8-24

BARNES, T.J. (1993): Whatever happened to the philosophy of science? - In: Environment and Planning A 25, S. 301-304

BARTELS, Dietrich (1982): Wirtschafts- und Sozialgeographie. - In: Handwörterbuch der Wirtschaftswissenschaften, Stuttgart, S. 44-55

BARTELS, Dietrich (1970): Einleitung - In: Bartels, D. (Hrsg.): Wirtschafts- und Sozialgeographie. - Köln, Berlin, S. 13-45

BARTELS, Dietrich (1968): Zur wissenschaftstheoretischen Grundlegung einer Geographie des Menschen. - (Erdkundliches Wissen, H. 19). Wiesbaden

BAUMANN, Zygmunt (1997): Schwache Staaten. Globalisierung und die Spaltung der Weltgesellschaft. - In: Beck, Ulrich (Hrsg.): Kinder der Freiheit. - Edition Zweite Moderne. Frankfurt a. M., S. 315-332

BECK, Ulrich (1997): Was ist Globalisierung? - Edition Zweite Moderne. Frankfurt a. M.

BONß, Wolfgang & HARTMANN, H. (1985): Konstruierte Gesellschaft, rationale Deutung. Zum Wirklichkeitscharakter soziologischer Diskurse - In: Bonß, Wolfgang & Hartmann, H. (Hrsg.): Entzauberte Wissenschaft. Zur Relativität und Geltung soziologischer Forschung. - Göttingen, S. 9-46

BONß, Wolfgang; HOHLFELD, Rainer; KOLLEK, Regine (1994): Vorüberlegungen zu einem kontextualistischen Modell der Wissenschaftsentwicklung - In: Deutsche Zeitschrift für Philosophie H.3, S. 439-454

BUNGE, William (1973): Ethics and logic in geography - In: Chorley, Richard J. (ed.): Directions in Geography. - London, S. 317-331

CASSIRER, Ernst (1922): Das Erkenntnisproblem in der Philosophie und Wissenschaft der neueren Zeit, Band 2. - Berlin

CASTELLS, Manuel (1994): Space of flows - Raum der Ströme: Eine Theorie des Raumes in der Informationsgesellschaft. - In: Noller, Peter; Prigge, Walter; Ronneberger, Klaus (Hrsg.): Stadt-Welt. Über die Modernisierung städtischer Milieus. - Die Zukunft des Städtischen, Frankfurter Beiträge, Bd. 6. Frankfurt/M., S. 120-134

CHALMERS, A.F. (1994): Wege der Wissenschaft. - Berlin, Heidelberg (Englische Originalausgabe 1982)

CLARKE, Samuel (1990): Der Briefwechsel mit G.W. Leibniz von 1715 - 1716, herausgegeben von Ed Dellian (= Philosophische Bibliothek Bd. 423) - Hamburg

COOKE, Phil (1996): The contested terrain of locality studies - In: Agnew, J., Livingstone, D. & A. Rogers (eds.): Human Geography. An essential anthology. - Oxford, S. 476-491; zuerst erschienen in Tijdschrift voor Economische en Sociale Geografie 1989 (80), S. 14-22, 27

COX, K.R. & MAIR, A. (1991): From localized social structures to localities as agents - In: Environment and Planning A 23, 197-213

CURRY, Michael R. (1995): On space and spatial practice in contemporary geography. - In: Earle, C., Kenzer, M., Mathewson, K. (eds.): Concepts in human geography. London, S. 3-33

DEAR, Michael (1994): Postmodern human geography. - In: Erdkunde 48, S. 2-13

DELLIAN, Ed (1990): Einführung. - In: Clarke, Samuel: Der Briefwechsel mit G.W. Leibniz von 1715/1716. - Hamburg

EINSTEIN, Albert (1960): Einleitung. - In: Jammer, Max: Das Problem des Raumes. - Darmstadt, S. XI - XV

ENTRIKIN, J. Nicholas (1996): Place and region 2. - In: Progress in Human Geography 20/2, S. 215-221

ENTRIKIN, J. Nicholas (1991): The betweenness of place. Towards a Geography of modernity. - Baltimore

GIDDENS, Anthony (1997): Konsequenzen der Moderne. - Frankfurt am Main

GIDDENS, Anthony (1995): Die Konstitution der Gesellschaft. - Frankfurt am Main (zuerst erschienen 1984)

HÄGERSTRAND, Torsten (1973): The domain of human geography - In: Chorley, Richard J. (ed.): Directions in Geography. - London, S. 67-87

HAGGETT, Peter (1973): Einführung in die kultur- und sozialgeographische Regionalanalyse. - New York, Berlin.

HÄKLI, J. (1994): Territoriality and the rise of the modern state - In: Fennia 172, S. 1-82

HARD, Gerhard (1993): Über Räume reden. Zum Gebrauch des Wortes "Raum" in sozialwissenschaftlichem Zusammenhang. - In: Mayer Jörg (Hrsg.): Die aufgeräumte Welt. Raumbilder und Raumkonzepte im Zeitalter globaler Marktwirtschaft. - In: Loccumer Protokolle 74/92 (Evangelische Akademie Loccum). Loccum, S. 53-78

HARD, Gerhard (1989): Geographie als Spurenlesen - In: Zeitschrift für Wirtschaftsgeographie, S. 2-11

HARVEY, David (1989): The condition of postmodernity. An enquiry into the origins of cultural change. - Oxford

HOLZINGER, Elisabeth (1997): Rurbanisierung II: Abschied vom Raum? - Forschungsbericht des Österreichischen Institutes für Raumplanung. Wien

HOPPE, Hans H. (1983): Ist kausalwissenschaftliche Sozialforschung möglich? - In: Ratio, S. 28-34

HUME, David (1982): Eine Untersuchung über den menschlichen Verstand. - Stuttgart (Englische Originalfassung 1758)

JAMMER, Max (1960): Das Problem des Raumes. Die Entwicklung der Raumtheorien. - Darmstadt

JOHNSTON, R.J., Gregory, D., Smith, D.M. (1994) (eds.): The dictionary of human geography. - London, 3. Auflage

JOHNSTON, R.J. (1991a): A place for everything and everything in its place - In: Transaction of the Institute of British Geographers 16/2, S. 131-147

JOHNSTON, R.J. (1991b): A question of place. - Oxford

KANT, Immanuel (1988a): Kritik der reinen Vernunft 1. Werkausgabe in 12 Bänden, Band 3. - Frankfurt am Main

KANT, Immanuel (1988b): Schriften zur Metaphysik und Logik 1. Werkausgabe in 12 Bänden, Band 5. - Frankfurt am Main

KLÜTER, Helmut (1994): Sozialgeographie. Raum als Objekt menschlicher Wahrnehmung und Raum als Element sozialer Kommunikation - In: Mitteilung der Österreichischen Geographischen Gesellschaft, S. 143-178

KUHN, Thomas S. (1997): Die Struktur wissenschaftlicher Revolutionen. - Frankfurt am Main (14. Auflage, Originalausgabe in Englisch erschienen 1962)

LÖFFLER, Günter (1987): Konzeptionelle Grundlagen der chorologischen Betrachtungsweise in deterministischen Modellansätzen - In: Geographie des Menschen. Dietrich Bartels zum Gedenken (Bremer Beiträge zur Geographie und Raumplanung), S. 195-206

LOVERING, J. (1989): The restructuring debate - In: Peet, R. & Thrift, N. (eds): New models in geography, Vol 1. - London, S. 198-223

LYON, Ardon (1967): Causality - In: British Journal for the Philosophy of Science S. 1-20

MASSEY, Doreen (1997): Place/identity/feminism. Unveröffentlichtes Manuskript (= Vortrag bei der Tagung "Globalisierung und Regionalisierung" vom 3.-6. April 1997).

MASSEY, Doreen (1995): Thinking radical democracy spatially - In: Environment and Planning D: Society and Space, vol. 13, S. 283-288

MASSEY, Doreen (1994a): New directions in space - In: Gregory, D. & Urry, J. (eds): Social relations and spatial structures. - London, S. 9-19 (zuerst erschienen 1985)

MASSEY, Doreen (1994b): Space, place and gender. - London

MASSEY, Doreen (1992): Politics and space/time - In: New Left Review 196, S. 65-84

MASSEY, Doreen (1984): Introduction: Geography matters - In: Massey, Doreen & Allen, John (eds.): Geography matters!. London, S. 1-11

MAYER Jörg (1993)(Hrsg.): Die aufgeräumte Welt. Raumbilder und Raumkonzepte im Zeitalter globaler Marktwirtschaft. - In: Loccumer Protokolle 74/92 (Evangelische Akademie Loccum). Loccum

MERRIFIELD, A. (1993): The struggle over place: redeveloping American Can in southeast Baltimore. - In: Transactions of the Institute of British Geographers 18, S. 102-21

MYERS, David G. (1996): Social Psychology - Michigan (5. Aufl.)

NIERLICH, Edmund (1988): Die deduktiv-nomologische Erklärung als Hauptmotiv empirisch-wissenschaftlicher Tätigkeit. - In: Erkenntnis 29, S. 1-33

PAASI, Anssi (1991): Deconstructing regions: notes on the scales of spatial life - In: Environment and Planning A 23, S. 239-256

PHILO, Chris (1989): Contextuality - In: Bullock, A./Stallybrass, O./Trombly, S. (eds.): The Fontana Dictionary of modern thought. - London, S. 173

POPPER, Karl R. (1995a): Lesebuch. - Tübingen

POPPER, Karl R. (1995b): Objektive Erkenntnis. Ein evolutionärer Entwurf. - Hamburg (3. Auflage, im Original erschienen 1972)

POPPER, Karl R. (1959): Über die Unwiderlegbarkeit philosophischer Theorien - einschließlich jener, welche falsch sind. - In: Forum, S. 15-18

POPPER, Karl R. (1957): Über die Zielsetzung der Erfahrungswissenschaft - In: Ratio, S. 21-31

PRED, Allan (1985): The social becomes the spatial, the spatial becomes the social: Enclosures, Social change and the becoming of places in Skane - In: Gregory, D. & Urry, J. (eds.): Spatial relations and spatial structures. London

PRED, Allan (1984): Place as a historical contingent process: structuration and the time-geography of becoming places - In: Annals of the Association of American Geographers 74/2, S. 279-297

SACK, Robert David (1997): Homo Geographicus. - Baltimore, London

SACK, Robert David (1983): Human Territoriality: A theory - In: Annals of the Association of American Geographers 73, S. 55-74

SAUNDERS, Peter (1989): Space, urbanism and the created environment. - In: Held, D. & Thompson, J.B. (eds): Social Theory of Modern Societies: Anthony Giddens and his Critics. - Cambridge, S. 215-234

SAYER, Andrew (1991): Behind the locality debate: deconstructing geography's dualisms - In: Environment and Planning A 23, S. 283-308

SAYER, Andrew (1985): The difference that space makes. - In: Gregory, D. & Urry, J. (eds.): Spatial relations and spatial structures. London, S. 49-66

SAYER, Andrew (1989): The 'new' regional geography and problems of narrative. - In: Environment and Planning D: Society and Space, vol. 7, S. 253-276

SCHENK, Michael (1986): Das Konzept des sozialen Netzwerkes - In: Kölner Zeitschrift für Sozialpsychologie und Soziologie. Sonderheft: Gruppensoziologie, S. 88-104

SCHNELL, R., HILL, P., ESSER, E. (1995): Methoden der empirischen Sozialforschung. - München, Wien

SEDLACEK, Peter (1978): Einleitung - In: Sedlacek, P.(Hrsg.): Regionalisierungsverfahren. Darmstadt, S. 1-19

SEIFFERT, Helmut & RADNITZKY, Gerard (Hrsg.) (1994): Handlexikon zur Wissenschaftstheorie. - München (zuerst erschienen 1989)

SIBLEY, D. (1988): Survey 13: Purification of space - In: Environment and Planning D: Society and Space 6, S. 409-421

SIMMEL, Georg (1992): Soziologie. Untersuchungen über die Formen der Vergesellschaftung - Frankfurtam Main, 1. Aufl. 1908

SIMONSEN, Kirsten (1996): What kind of space in what kind of social theory? - In: Progress in Human Geography 20/4, S. 494-512

SOJA, Edward (1989): Postmodern Geographies. The reassertion of space in the critical social theory. - London/New York.

SPAEMANN, Robert (1994): Kausalität. - In: Seiffert, Helmut & Radnitzky, Gerard (Hrsg.): Handlexikon zur Wissenschaftstheorie. München (zuerst erschienen 1989), S. 160-164

STEGMÜLLER, Wolfgang (1983): Probleme und Resultate der Wissenschaftstheorie und Analytischen Philosophie, Bd. I: Erklärung, Begründung, Kausalität. - Berlin, Heidelberg, New York (2.Aufl.)

SUNLEY, Peter (1996): Context in economic geography: the relevance of pragmatism. - In: Progress in Human Geography 20/3, S. 338-355

THOMPSON, J.B. (1989): The theory of structuration - In: Held, D. & Thompson, J.B. (eds.): social theory of modern societies: Anthony Giddens and his critics. - Cambridge, S. 56-76

THRIFT, Nigel (1991): For a New Regional Geography 2. - In: Progress in Human Geography 15/4, S. 456-465

THRIFT, Nigel (1990): For a New Regional Geography 1. - In: Progress in Human Geography 14/2, S. 272-277

THRIFT, Nigel (1983): On the determination of social action in space and time. - In: Environment and Planning D: Society and Space, vol. 1, S. 23-57

TIETZ, Udo (1991): Von der Metaphysikkritik zur Literaturkritik - der gemäßigte Kontextualismus Richard Rortys - In: Deutsche Zeitschrift für Philosophie H.7, S: 762-781

TOULMIN, Stephen (1983): Kritik der kollektiven Vernunft. - Frankfurt a.M.

TOULMIN, Stephen (1953): Einführung in die Philosophie der Wissenschaft. - Göttingen

TUAN, Yi-Fu (1996): Space and place: humanistic perpsective - In: Agnew, J., Livingstone, D. & A. Rogers (eds.): Human Geography. An essential anthology. - Oxford, S. 444-457; zuerst erschienen in Progress in Geography 1974 (6), S. 233-246

URRY, John (1991): Time and space in Giddens' social theory - In: Bryant, Ch.G.A. & Jary, D. (eds.): Giddens' theory of structuration: a critical appreciation. - London, S. 160-175

WERLEN, Benno (1997): Sozialgeographie alltäglicher Regionalisierungen, Bd. 2: Globalisierung, Region und Regionalisierung. (= Erdkundliches Wissen 119). - Stuttgart

WERLEN, Benno (1995a): Anthony Giddens' Strukturationstheorie und die Geographie - Vortrag im Arbeitskreis "Geographie und Gesellschaftstheorie", Potsdam 5.10.1995

WERLEN, Benno (1995b): Landschaft, Raum und Gesellschaft. Zur Entstehungs- und Entwicklungsgeschichte der Sozialgeographie. - In: Geographische Rundschau 47, H. 9, S. 513-522

WERLEN, Benno (1995c): Sozialgeographie alltäglicher Regionalisierungen, Bd. 1: Zur Ontologie von Gesellschaft und Raum. (= Erdkundliches Wissen 116). - Stuttgart

WERLEN, Benno (1988): Von der Raum- zur Situationswissenschaft. - In: Geographische Zeitschrift, S. 193-208

WERLEN, Benno (1987): Gesellschaft, Handlung und Raum. - Stuttgart.

WOODWARD, James (1984): A theory of singular causal explanation - In: Erkenntnis 21, S. 231-262

ZOGLAUER, Thomas (1997): Einführung in die formale Logik für Philosophen. - Göttingen